DIE TO LOVE

Unmani Liza Hyde

愛のために死す

ウンマニ・リザ・ハイド 著
広瀬久美 訳

ナチュラルスピリット

DIE TO LOVE

by Unmani Hyde

愛はいまだかつて語られたことも、
書き表されたことも、
想像されたこともない……

目次

「あなたが聞くことさえできない
内なる声がある。
なぜならば、それはあなただから……」

カヴィータ『分離なきものの愛の歌』

序文

この本は、本当のあなたとは実は誰なのかについての本です。**覚醒**、つまり**真実**を真摯に探求してきたあなたのために、本当のあなたの真実を示しています。

この本は探求を終わらせるための本です。なかなか到達できない最終目標に向かって、どのように次の一歩を踏み出すかを語っているわけではありません。どのように生きたら良いか、どうしたら良い気分でいられるかというアドバイスでもありません。本書のメッセージは、情け容赦のない慈悲です。

あなたが真実を知るよりも良い気分でいる方を選びたいなら、本書はあなたには向いていないし、参考にもなりません。読んだとしても、ただあなたが壊れてしまうだけでしょう。

さて、私は誰でしょう？　私はあなたです。私は**生**そのものです。私はあなたが思っている、あるいは信じているあなたというものを超越した存在である、本当のあなたなのです。あなたと私、つまり読者と著者は分離してはいません。読み進める前に、これを覚えておいてください。

この本の内容は、あなたが書いたものなのです。あなたは既にそのことを知っています。そのあなたとは、何かの理由でこの本を読もうと決めた観念としてのあなたではなく、それを超越した本当のあなたです。あなたは本当の自分を忘れているかのように、ずっと演技を続けています。この本は、あなたが自分自身を少しずつ思い出すために書いたのです。親しみを込めて手を振りながら、「おーい！　私はここだよ」と。必要なのは、それを実際に認める勇気だけです。

「真実を発見したい」と言うのは簡単ですが、真実が単なる愛と平安の経験ではないと理解した時、あなたはそれでもまだ真実を求める気になれるかどうか、自信がなくなるかもしれません。

本当のあなたを認識したなら、あなたのもっとも深いところにある観念、信念、希望や夢は失われてしまいます。あなた自身やあなたの人生に対する見方がすっかり変わってしまいます。

この本を読むと、想像できなかったほど自由になったと思うか、極めて困難なことだと思うかのどちらかでしょう。どちらの反応が正しいとか間違っているとかいうことはありません。それはただ、そうあるだけです。この本のメッセージはかなり過激なので、誰もが今、それを受け入れられるわけではありません。多分、あなたは真実を発見したいと口では言っていても、その探求があまりにも楽しいので、探求しているものを実際に発見できないのです。スピリチュアルな探求をしていなかったら、あなたは何をしているでしょう。他のどのようなものが、このように病みつきになるほどの感情の浮き沈みを与えてくれるでしょうか。正直になってください。もしこの本があなたには向いていないなら、本を閉じて、もう読むのはやめてください。

それでも読み続けているなら、真実を知るために死んでも良いと思えるかどうか、自分に問いかけてください。それ以下のものは役立ちません。あなたである**愛**を知るためには、あなたが自分だとしているあなた、つまりあなたのエゴが死ぬ必要があるのです。体が死ぬわけではありません。不知の中に飛び込むのです。それが、あなたが存在しなくなる前にする最後のことになります。興味からちょっと覗いてみるとか、言葉や概念で遊ぶのは、もう終わりにしなくてはなりません。

真の**愛**は、最大限のひたむきさ以下のものを要求しません。**愛**のために死ぬというのは、完全にあきらめてゆだねることです。どのような経験、概念、意義、状態、環境も、そしてどのような人も、あなたが求めている平安を与えてはくれません。そのような期待が全部なくなるのです。安らぐ場所を見つけるため、問題や苦しみを永久に解決するために走り回るのは、もうたくさんではないですか。それを全部あきらめて、たった今、ただ安らいでください。すべてを手放してください。何も知らないでいてください。決して何も知らず、決して何も分からずに。何にもしがみつくことはできません。あなたは自分が答えを見つけられないことに気づきましたか。あなたは求めている永遠の平安、安らげる場所を決して見つけることができません。

あなたは決して休むことのない現象世界の中に休む場所を探してきました。あなたは果てのない識別の世界の中に本当のあなたを探してきました。あなたは思考と想像の中を探してきたのです。無数の考えと意味の中に生きて、そこで自分を知ろうとしてきたのです。多くの疑問が浮かぶのに、本当の回答はありません。

何かが分かった、あるいはすっかり解決したと思ったとたん、何かが起こり、そうではなかった、ほとんど何も分かっていなかったと思い知らされることに気づきましたか。答えが分かったと思うと、すぐに誰かがやってきて、もっと優れた答えを告げるものです。

このような思考の答えにはきりがありません。そのような答えにどれだけ騙《だま》され続けるつもりですか。あなたが本当は知っていることを信じないで、どれだけ思考を信じ続けるつもりですか。ハートで感じている真の知に、どれだけ背き続けるつもりですか。これは勇気の問題です。それがどのようなことであっても、あなたが本当は知っている真実のために立ち上がる勇気を持つことです。これが覚醒の本当の意味です。本当のあなたに目覚めるのです。

本当のあなたとは、**生**そのものです。**生**が生き、呼吸をし、存在しているのです。でも**生**を特定の場所に見つけようとしたり、枠にはめたり、知ったり、何者なのかを特定したりしようとしても、それは終わりのない探求になります。もちろん、それは誰もがしていることでしょう、その形に違いはあっても……。何が起こるのか、なぜ起こるのか、どのような仕組みで起こるのかを知っていると思えれば安心するのでしょう。でもがっかりさせるようですが、**生**の源、つまり本当のあなたは、何をしても見つけることも理解することもできません。本当のあなたを見つけようとしても、ただ挫折感だけが待っています。ところが矛盾することに、**生**は知っているもの、枠にはまったもの、何者かとして演技をしています。**生**はここにいるこの人として演技をしています。「私は〜です」とか、「私は〜と思う」と言うことができ、そうすれば、私はここにいる人物について何か言っていることになるのです。それでも、「私」とは誰かを事実に忠実に素直に探してみれば、誰も見つけることはできません。何と茶目っ気たっぷりな矛盾でしょう！

あなたを限定する枠はないことを、あなたは既に知っています。あなたはあなた以外のものから切り離されていないこと、完全な全体であること、そして**生**自体であることを既に知っています。

それを知っているからこそ何となくすべては冗談で、私たちは皆、舞台の上で劇を演じているのではないかと感じるのでしょう。

それはすべてに目的がないとか、私たちのしていることすべては本質的に滑稽《こっけい》だという感覚となっているかもしれません。それをどれほど知っていても、どこかの何かを求めたり、ある種の特別な経験を求めたりすることで、たいていは見過ごされています。深刻な現実の生活に立ち向かうと、この単純で子供じみた知は取るに足らないものと思われてしまいます。あなたはその知がささやく本当のあなたの真実を無視したまま、探し続けたり、うまく生きようとしたりします。そうして**生**は、それ自身を探すという矛盾したゲームをするのです。

これらすべてから目覚めるのに最適な時はいつでしょうか。もしあなたが自分はスピリチュアルな道を歩んでいると信じているなら、覚醒するのはいつか未来のことだと思い続けるでしょう。今の瞬間にあるものを、見過ごし続けるでしょう。

もう見過ごすのに飽き飽きしていませんか！　今は目覚め、本当のあなたとは**愛**なのだ、今まで聞いたことしかなかったあの**愛**なのだと身をもって知る時です。あなたは**愛**です。あなたは**生**です。

その内なる**知**に耳を傾けるのは今です。

この本は、あなたが自分自身を守るために築き上げてきた想定を土台から崩してしまいます。その壁が崩れるのを見てください。それは恐ろしいことかもしれませんが、あなたが事実として本当に知っていることに一度も耳を傾けないまま一生を過ごしてしまう方が恐ろしくありませんか。

この本で伝えているのは言葉ではありません。これは哲学のゲームではありません。**生**か**死**かの問題なのです。この冗談が分かるまでは、あなたはこれを言葉通り深刻に受けとめてしまうでしょう。この本の内容を分析し始めたらきりがありませんが、それもまたこの本の言葉が実際に指し示しているものを見逃すひとつのパターンなのです。思考の本質とは、ひとつの概念を他の概念と比較したり、ひとつの言葉を他の言葉と比較したりすることです。でもこの本は頭で考えるための知的な本ではなく、知的理解を超越した方法で、本当の**あなた**を指し示しているだけなのです。著者と読者はひとつになります。そしてその融合によって、本書のメッセージが明瞭に伝わるのです。

「本で読んだからといって、それを信じてはいけない。人が真実だと言ったからといって、それを信じてはいけない。昔から神聖な言葉とされているからといって、その言葉を信じてはいけない。何にも頼らず自分で真実を見出しなさい。それが本当の理解なのだから……」

スワミ・ヴィヴェーカーナンダ

「真剣に探求する者にとって、それがあるらしいことを一瞥《いちべつ》する経験では不十分だ。あなたが真剣であるなら、どのような一瞥をも遥かに超えて、それを自らの中に見出すだろう。自らの真我の中に、既知を手放して神秘の知られざる中心へと深く飛び込む勇気を見出すだろう。あなたをただそれへといざなう神秘へ」

アジャシャンティ

切望

「あなたの中で、私は自分を失う。あなたがいないと、もう一度自分を失いたいと思っている私を見つける」

作者不詳

あなたが本当に感じているのは愛です。もっとも深いところでは、そして極めて正直になれば、自分が**愛**であることをあなたは知っています。愛は開放的です。誰もがそのように開放的になりたいと望んでいることでしょう。あなたはそのような**愛**であり、**愛**として生きています。あなたの全身が、**愛**として開放的に生きたいと望んでいます。

真のあなたは**愛**です。その**愛**には名前がありません。姿も形もありません。感情さえありません。何も努力しなくても、あなたは既にその**愛**なのです。あなたは**愛**です。**愛**は状態や空間、時間に縛られません。次に何が起きるのか、なぜ物事が起きるのかを知ることはありません。**愛**は自由です。あなたは自由です。あなたが自由そのものなのです。

それなのに、あなたは牢獄に囚われているかのように振舞います。何らかの問題が存在し、何かが欠けていると信じているからでしょうか。あるいは、思う存分生きていないと感じているのかもしれません。本当の気持ちや欲望を押さえつけ、どのように感じるべきか、または振舞うべきかという意見をたくさん掲げているのかもしれません。固定した行動パターンから抜け出せないと思い込んでいるのかもしれません。生きる上でも人間関係においても、自分を守り安全でいるために想像上の壁を築き上げ、そのために体が緊張しているのではないでしょうか。その防御壁は役立つように見えることもあるかもしれません。それでも、あなたはいつも望んでいます。その壁を突き破って裸のまま叫びながら街に飛び出したいと！　何も心配せずに生きたい、**愛**に包まれて自由に生きたい、心の中を何でも表現したい、溢《あふ》れる命の情熱にすべてをゆだねたい、自分の知っている**愛**を感じ、経験したい、**愛**のように自由になりたいと切望しているのです。

では、このような混乱した自己分裂とは何なのでしょう。非常に深いところでは自分が**愛**であることを知っているのに、あなたは知らないかのように生きています。なぜそうするのでしょう。本当の**あなた**は枠にはまらない無限の溢れる**愛**だというのに、なぜ制限され、枠にはめられた者のように生きてしまうのでしょうか。もちろん、なぜ**生**はいったん忘れてから思い出すというこのゲームがしたいのかを、様々な理屈をつけて説明することはできます。**生**は自分自身を経験し知りたいと思っていて、そのためには自らを特定の側面や部分として枠にはめるしかなく、そうすることで、枠のない空《くう》のままでは自分を経験できない生は、自分自身をこの人として、またはこの物事として見ることができるようになった、と言うこともできるかもしれません。どういう理論を持ち出したとしても、実際に私たちが知っているのは、ただそれはそのようにあるということです。

このような分裂、矛盾が存在しています。**生**はいったん自分を忘れた後で求め、探し回り、最後にはこのゲーム全体のプレーヤーが自分自身だったことを発見するというゲームをしています。本当の**あなた**を思い出したり認識する時、実際には分裂など存在しないことを理解します。**生**とは、絶対的な**一体性**《ワンネス》です。でも**一体性**をそのように認識するまでは、分裂が存在すると思い込むゲームが続きます。それゆえに、求め続けます。

この分裂の感覚、切望するという感覚は、大変な不快感や苦しみともなります。落ち着いていられず、底なし穴のようなその苦しみを何とか埋めようと、とりあえず不快感を和らげてくれそうなものなら何でも利用しようとします。チョコレート、アルコール、薬物、セックス、あるいはスピリチュアリティの本や修行でさえ（というか、だからこそ）利用するかもしれません。様々な修行を通して、あなたはしばらくの間は高揚感を味わいますが、やがてそれも崩れ始め、再び求め始めます。どこかで静かに瞑想して素晴らしい気分になることもあるでしょうが、その後で普段の生活に戻ると、落ち着きのなさと欠乏感が足音を忍ばせてゆっくりと戻り始めます。

修行によっては、人生のある側面にいくらかの明確さを与えてくれることもあります。その修業を通して、自分自身のことをもっと知り、自分を落ち込ませている無意識のパターンをさらにはっきり見るでしょう。それは魅力的であなたを夢中にさせ、一時的な解放感を与えてくれるかもしれませんが、自分の物語を発見し続けることには、実際に終わりがありません。多くを発見できたと思っても、発見すればするほど現れてきます。自分の考える自分をもっと発見しても、自分の知っている自分を求め続けているだけです。事実この自分探しは、不快なのにやめられない切望によって突き動かされているのです。このように次から次へと求め続ける生き方は、とても甘美な高揚感と、とてもドラマチックで感傷的な失意を伴うので、そこから抜け出るのは大変困難です。あなたはいつも何かを追いかけたり何かから逃げたりして少しも休めないのに、安らぎや休める場所を求めていると言います！　あなたは、あなたが探しているものを本当に見つけたいと思っていますか。それとも、ただ退屈だから、次の高揚感を求めて出発するのですか。

どのような高揚感を経験し目標を達成しても、いったん達成してしまえばそのきらめきの一部は必ず失われてしまうことに、あなたは気づいていますか。これらのドラマチックな高揚と失意、未来の想像上の到達点などが全部失われることを、あなたは本当に望んでいますか。本当にそれらすべてが終わることを望んでいますか。死――それは何という自由でしょう！　何という救いでしょう！　死を望むなんて、不思議ですよね。強い絶望感や自殺願望でもない限り、死を望むのはとても異常なことに思われます。でも、あなたが心底正直になれば、死こそあなたが望んでいるものです。あなたはこのような高揚と失意の繰り返しが終わることを望んでいます。追いかけては逃げることを本当にやめたい、完全にやめたいのです。

この切望、何かが欠けているという感覚は、人生のいたる場面で現れてきますが、理想の恋人を求めるのはもっともよくあるパターンでしょう。あなたは自分を完全にしてくれる誰かを求めます。あなたは相手の中に落ちて溶け込み、何も恐れることはない、もう自分を守る必要はないと実感することを望んでいます。守る必要のない絶対的な**愛**を、もうゲームを続ける必要のない、もう何も考えなくてよい、もう何を待つ必要もない**愛**を知りたいと望んでいます。**愛**すること以外何も必要としない**愛**を。まさに今、まさにここで。理由もなくただ**愛**でありたい、何があろうとただ**愛**でありたいのです。

しかしながら、あなたが何をしようと、どれだけ相手と親しくなろうと、どれだけ情熱的であろうと、どれだけ体を交えようと、決してこれで良いと思えるほど親しくなることはできません。あなたと愛する人は、親しくなろうと努めるふたりの別々の人間であり続けます。あなたは常に分離と、かすかな苛立ちを感じるでしょう。何かが欠けていると常に感じることでしょう。

これはスピリチュアルな悟りを求める時も同じです。スピリチュアルな目標に到達すれば、あなたの求めるすべての達成感や自由が得られると想像します。しかし、それに近いものを経験した時はいつも、あと少しだけ手が届いていないような気がするのです。そのため永遠に求め続けることになります。

それでもあなたは、恋に落ちた時、または何かのスピリチュアルな体験をする時、本当の**あなた**である真の**自由**と**愛**を少しだけ経験しています。愛する人の瞳を見つめる時、あなたは自分がその中に吸い込まれて消えてしまうように感じるでしょう。一瞬だけ、あなたたちは分離したふたつの体を超越して**ひとつ**になります。瞑想の集会に参加したなら、すべてが消え失せ、自分さえ存在しない瞬間を経験するかもしれません。またはただ街を歩いている時に、突然歩くことだけが存在し、歩いている者が存在しないという経験をするかもしれません。これらの瞬間は、結果的にはいわゆる正常な生活が崩壊するきっかけとなる場合が多いのです。世界がゆっくりと崩壊していきます。事実だと想定していたものの本当の姿が見え始めます。一定の意味でとらえていたものはすべて、ただそのように見えていただけだと分かってきます。

このような瞬間やスピリチュアルな高揚の後では、現れたすき間を思考が自らを防御するために素早くふさぐにせよ、そしてその瞬間がどのようなものであれ、とにかくそれは特別な瞬間だった、何か重要な意味があったという感覚が残るでしょう。でも、マインドがその本当の意味を理解することはできません。思考はその瞬間を留めておこうとしますが、それは起こるや否や過ぎ去ってしまいます。あなたはその瞬間を再現しようとして、できることなら何でもしようとします。それが起きた状況や背景を再現しようとするかもしれません。でもいくらか試した後で、それは不可能だと分かります。その瞬間はもう過ぎ去ってしまいました。それはもう既に失われています。再び何かが欠けているということになり、あなたはまた探し続けます。

あなたが探し続け、見かけの世界が存在し続けても、あなたはそれらを超越した本当のあなたである自由と真の**愛**を既に知っています。**生きること**は、もともと至って簡単で努力がいらないことを、あなたは既に知っています。

ともかくあなたは、自分が本当は他から切り離された存在ではないことを既に知っています。でも問題が存在するという考え、何かが欠けているという考えを持ってしまうと、これらの観念は強烈な感情と身体的な感覚を伴うので抵抗できなくなり、既に知っていることが見えなくなってしまいます。

そうなると自由や愛は感じられず、あるのは分離感と孤独感のみということになります。ネガティブな自己妄想的思考や思い込みなどの、枠にはまったとらえ方しかしなくなります。深いところではそのような考えが実際には何の意味もないことを知っているのに、相変わらずそのような状態が続きます。あなたはまるで牢獄に囚われているような生き方を続けますが、深層で**あなた**は自由だと知っています。この分裂、つまりあなたは真の**あなた**を生きてはいないという感覚こそ、自由への切望が生じる場所なのです。あなたは**あなた**がもう既に自由であることを知っていて、そのように生きたいと望みますが、その自由を知っているからこそ、限定や制限されて生きるのは何かが違うと感じることができるのです。あなたは、これは違うと知っています。これ以上のものがきっと存在する……。あなたは自由を求めていますが、自由とはもともとあなたであることに気づいてはいません。あなたは、自由を求めている自由なのです！

切望とは、今この時もあなたであり続けている真の自由、つまり**愛**を生まれながらに知っているのに、それを否定して欲求不満に陥っている状態です。否定すれば、単純な今この瞬間に対していらいらし、不満を抱きます。

あるがままに対するこのような不満は、社会のあらゆる面に反映されています。生きることは複雑で、好ましい状態は大変な努力と苦労の末に得られるものと信じられています。ずっと求め続けていたものすべてが今、ここに存在していることなどあり得ないと思われています。

マインドは、今の瞬間の単純さに耐えられません。そして真の知や認識を否定し見下します。それは科学的に証明されていない、書物に書かれていない、他の誰かによって認められていないとして。

実はこの強烈な切望こそ、真の知、つまり**愛**なのです。求めることを通して、本当のあなたである限りなく深い**愛**が明らかになります。その切望とは、存在するものすべては**愛**であることを、あなたである**愛**自身に見せようとしている**愛**なのです。真実に憧れるこの思いは、処理すべきやっかいものではなく、あなたがゆだねるべき力なのです。

「私たちは知るべきだ。自分が一番求めているものを恐れることで、凡庸な二流の人生を生き、その結果ハートの第一義的衝動が成就されることは決してないことを」

作者不詳

すべてを失いなさい

「多くの人々は、達成をめざしてスピリチュアルな探求を始める。しかし、スピリチュアリティの真の達成は、意識的にすべてを失うことで成し遂げられる。進んですべてを失ってこそ、自らの存在の真実が明らかになる」

ガンガジ

私がこの本の中で語っている**愛**を本当に知るには、また私が指し示していることをはっきり認識するには、あなたはすべてを失わなくてはなりません。それができないなら、あなたはこれを馬鹿げた発想として放り投げてしまうか、「面白そうだけど、私にはさほど役立ちません」などと言うでしょう。他の誰かが言ったことと比べたり、興味深い情報として取って置くだけだったりするかもしれません。

本書のメッセージは、「だから何なの?」と反応されてしまうことも多いでしょう。あるいは、知的な理論や哲学と受け取られてしまい、同意するかしないかの問題になってしまうでしょう。新しい生き方、信条として取り入れられてしまうことさえあるかもしれません。でも私の指摘していることは、事実だと認めるかどうかしかありません。私はすべての信念や主義を断つことについて話をしているのです。それら全部を捨てるのです。すべての基準点や境界線を捨て、いつか良い日がくるだろうという希望をすべて捨てるのです。完全に、まったく何も残らないように。

覚醒はあなたが想像している人生や、あなたが想像しているあなた自身とは相容れないものでしょう。**愛**、すなわち**真実**は、あなたの個人的な人生観の中に組み入れられるようなものではなく、あなたの持つ歪曲《わいきょく》された物語や観念、信念などを含まない実在です。それは隠されていないどころか、誰の目にも見えています。

真の**あなた**を知るには、そして真の**あなた**の価値を知るには、あなたに関してあなた自身が持つ観念をすべて手放さなければなりません。あなたが尊重するもの、特別に思うものをすべて手放してください。すべての希望を捨ててください。そして今というこの時、ここにあるものと完全に共にあり続けてください。あるがままにすべてをゆだねてください。裸になってください。これからは、「多分」と考えてはいけません。「もし」と考えてはいけません。「多分、他の誰かが知っているかも」と考えるのもやめてください。

すべての希望を捨てるとはどういう意味でしょうか。それは今よりも良い時がくるのを期待しないことです。いつの日かもっと楽な生活、良い生活を送れるようになる、または何事かを成し遂げられる、と信じないことです。

他に道はないと気づく地点まで到達した時や、あらゆることを試みた末に本当に望むものは得られないと知った時、喜びや幸福感を与えるものは必ず苦しみや悲しみも連れてくることを理解した時、すべての喜びと苦しみは一時的なものに過ぎないと分かった時、喜びを求め苦しみを避けることに疲れ果てた時に、希望が失われたことで死ぬ覚悟ができます。真実を知るためだけに、すべてをあきらめる覚悟ができます。知った後に喜びが待っていようと、苦しみが待っていようと、どうでもよくなっています。その時あなたは、喜びと苦しみの現象からなるこの世界には答えがないことを、潔く認められるようになっています。

すべてを捨てるということは、すべてを知ろうとして思考を信じるのをやめることです。思考は数限りない理論を考え出したり、たくさんの質問をすることはできますが、それによって真の答えを導き出すことはできません。様々な経験でさえも、訪れては去ってゆき、頼りになりません。苦しみ、喜び、苦しみ、喜び、また苦しんで、また喜ぶ……苦しみの終わりと永遠の喜びの訪れをこれ以上待つことはできません。

これが探求の終わる時です。深く傷つく出来事が起きたにせよ、長い間探し続けて疲れ果てたにせよ、どん底に落ち込み、しかもそのすべてが無意味であることを見抜いた時こそ、本書のメッセージに耳を傾けることが可能になるのです。

このメッセージは希望の終わりを告げています。でも同時に、**生**の始まりを告げるものでもあるのです。これはあなたを突き放す憂鬱で概念的なメッセージではありません。なぜならばすべてを失った時、その空っぽの中に、すべてが満ち足りていることを認識するための場所ができるからです。その場所では、あらゆる概念や儚《はかな》い愛の体験を超えて、**愛**の存在を本当に知ることができるのです。

私は誰か

「グルがあなたに伝えることができるのは、ただひとつ――あなたには自分自身についての大きな誤解がある。あなたはあなたが自分だと考えているような者ではない」(四四三)

ニサルガダッタ

さて、あなたとは誰でしょう？　本当に知りたいと思いますか。それとも、あなたが思い描いているあなたの陰にまだ隠れていたいですか。この本が本当に指摘しているのは、あなたがそうありたいと思っているあなたや、実際のあなただと信じているあなたを超越した、**あなた**の真の本質です。それは必ずしもあなたが聞きたいと思うことではありません。あなたを良い気分にするための励ましの言葉でもありません。ただ、事実を指摘しているだけです。あなたは本当のあなたを知ることができるほど成長する覚悟ができていますか。それがどのようなものであったとしても……。それとも夢の中に生き続けて、いつか良い日がくるのを待ちますか。

今の瞬間、あなたは誰なのでしょう。あなたには名前があります。でも、あなたはただのラベルですか。あなたは、本当は誰ですか。ラベルや姿を超えた本当のあなたを見るのは、かなり勇気が必要です。あなたはひと束の記憶ですか。今まで生きてきた誰か、あるいはなりたい誰かについての物語なのでしょうか。あなたは自分が考える、または誰かがあなたに言った言葉の枠に限定された存在でしょうか。本当にあなたは問題を抱え、何かが欠けていて、願望を抱いている誰かなのでしょうか。それともあなたは、人生で何が起ころうと本当に何も心配いらないのだと、いつもどこかで分かっていたでしょうか。人生はどういうわけか私たちがしばしば主張するようには複雑ではないと、あなたはいつも知っていました。時おりどれほど人生がつらく見えても、実際にはまったく簡単なことだと知っていました。

本当のあなたはあらゆるラベルや観念を超越した、気づきそのものです。あらゆる出来事に気づいています。存在そのものです。未来も過去もなく、ただ今であり続けていています。永遠です。理由も意味もありません。その意味のなさは、意味がないことは憂鬱《ゆううつ》だという観念を超越しています。どのような観念も想像も超越した自由です。今この瞬間である自由、いかなる束縛を打ち破る必要もない自由です。あなたが充足を求めていた時でさえ常に満たされていた、絶対的な充足です。何かが足りないと信じていても、あなたに欠けているものなど一切ありません。

今という瞬間に起きていることは単純です。呼吸の感覚、通り過ぎる車の音、目に映るこのページ……、何ひとつ改善する必要はなく、それはただそうあります。

そうだとすると、このような質問が湧いてきます。「本当の自分を、それについての説明を信じるのではなく、実際にはっきり認識するにはどうしたら良いのだろう」。その答えは、あなたがそれを認識することはない、です。その認識のただ中には、他から切り離された「あなた」は存在しません。あなたとは単なる夢であり、想像上の人物であり、そのような人物が時間の中に展開される物語を生きているというのはただの思い込みです。自分自身を他から分離した「私」であると信じる限り、「私」が存在しないことを理解できません。何かを成し遂げようとするその努力こそ、「あなた」があなたの人生をコントロールしているという思い込みから生まれるのです。

これを認識することによって、分離した人物が存在するという思い込みと、分離した人物など今もこれまでも存在しなかったという認識とに橋が架けられます。その橋を渡るのは、死ぬことです。これは思考や信念を超越しています。あなたの思うあなたを超えた、本当のあなたをはっきり認識することです。それが認識されなければ、これらの言葉は単なる言葉であり、ただの概念でしかありません。

一瞬だけでもすべての概念を放り投げてみて、その後に残るものを見てみてください。

あなたは探し求めながら、疑問に思ったことはないですか。いつかそれを見つけた時には、あなたはどのようにしてそれが求めていたものだと分かるのでしょう。それを知らなかったら、どのようにして見つけるというのでしょう。もしかしたら、あなたは既にそれを知っているのではないのですか……。それなら、なぜ探しているのでしょう！　あなたが既に知っているものを確認したいということなのでしょうか。もちろん、あなたはそれを既に知っています。それはこの上なく単純で明らかなので、認識した時には多くの人が「えっ、これですか。でも、単純過ぎるでしょう」と思うのです。

それはあなたがもっとも慣れ親しみ、よく知っているものです。そうでなかったことは一度もありません。それはまったく普通のことですが、その単純で慣れ親しんだ普通さの中で、今までのように**生**が見過ごされることはもうありません。これを認識することにより、**生**が、今も今までもずっと奇跡であったことが分かります。

矛盾しますが、分離した人物として現れているあなたが、それを認識して感動するかのような状況が起こります。でもその認識でさえ、この時間の物語の中で起こった夢の出来事なのです。それも他の出来事と同じように、経験したら去ってゆきます。恍惚《こうこつ》として時間を超越した、あるいは超自然的な経験をするかもしれませんが、その後も人生は続きます。この認識を経験することで、時間と永遠との間に橋が架けられます。時間の中で一瞬だけ、時間がないことを認識します。本当に奇妙なことですが……

その後も人生は続きますが、以前とは何かが違います。何かが変化しましたが、あなたにはそれが何なのかがはっきりとは分かりません。それまでとは何も違わないのに、すべてが変わってしまいました。それは誰かに起こった変化ではありません。あなたには「答えを得た！」と言うことができません。なぜなら、あなたは何を得たというのでしょう。まったく何も得ていません。

絶対的に永遠で無限な**生**が美しいのは、それを留めておくことができないからです。それを自分のものにすることはできません。そうしたいと考えているのは、夢の中の人物であり、その人物が実際に何かを自分のものにしたり達成したりすることは決してありません。あなたはすべてを失ってしまいました。でも、それさえもあなたのことではありません。あなたはそれを覚醒と呼ぶかもしれませんが、それにより認識したものは、覚醒などの名称や概念の枠に納まるようなものではありません。あなたは意識状態の変化を経験したかもしれませんが、それさえも留めておくことは不可能です。あなたが経験することや意識状態はすべて、訪れては去ってゆきます。何事も留めておくことはできません。何事も永遠に続くことはありません。

どのような経験であろうと、それらのすべてに気づいているのが本当の**あなた**であることを認識してください。楽しみであろうと悲しみであろうと、思考があろうとなかろうと、分離した人物がいるという思い込みがあろうとなかろうと、それに気づいているのがあなたなのです。実際のあなたは、決して分離した人物ではありません。それは間違った自己認識です。あなたは自分のことを、名前や役割のラベルがついた小箱に納まる小さな存在だと思っています。

あなたは**生**そのものであり、何にも納まらず無限で、まさに今、既に自由なのです。

「夢の源泉は
常にきらめき澄みわたり
透明で刺激的だ
それは見えない川のように
夢見る人と夢の間を流れる――
私はキスをされる
そのキスは私
私は分離の夢から
私自身に目覚める
決して実在しなかった
分離の夢から」

カヴィータ『分離なきものの愛の歌』

「私」というエゴ

「私たちは物事をあるがままに見てはいない。私たちは自分自身を反映させた物事を見ている」

タルムード

あなたは自分を誰だと思っていますか。「私」。この「私」とは何なのでしょう。私とは誰でしょう。私は体の中にいるのでしょうか。この体は「私のもの」でしょうか。「私」が経験したことは「私のもの」でしょうか。

それとも、単に今、経験が生じているだけなのでしょうか。今の瞬間、キーボードに置かれた手の映像が見えます。椅子に座っている感覚があります。「私はキーボードを打っている」と考えています。でも、この「私」とは誰でしょう。座ったり、キーボードを打ったりしている誰かは本当に存在していますか。

それとも、単に経験が生じているだけで、その経験は誰のものでもなく、ただ生じているだけでしょうか。**生**は、何であれ、たった今起こっていることとして生じています。座るということが生じ、キーボードを打つということが生じ――とても単純なのです。

矛盾していますが、それでも日常の中では「私」と呼ばれる自己がいるように見えていて、私たちはいつも「私」のことを話します。この「私」、つまり「エゴ」という何者かが体の中に住んでいて、「私の人生」と呼ばれる時間の流れを生きていると思っています。「私」は他のバージョンの自分とは切り離されたものと想定され、四苦八苦しながら人生を歩んでゆかねばならないものと理解されています。

自然は「私」の外側にあるものだと思っています。すべての感覚、すべての経験が「私」に生じていると思い込んでいます。私たちはこのようなことをあまりにも強く信じているので、「私」が苦しむ時、その苦しみという牢獄に閉じ込められてしまうのです。

昔からの教えの多くは、苦しみを終わらせるにはエゴ、つまり「私」を超越しなければならないと言っています。でも、エゴを超越するというのは、エゴを取り除くことではありません。ただそれをあるがままに見ることなのです。この「私」というものの本質、その幻想が持つ矛盾を事実のまま理解するのです。座るという経験が生じるような単純さで、エゴが生じています。

実は、エゴを取り除こうとしているのもエゴそれ自身です！　そのようなことができると考えるほど傲慢《ごうまん》な存在が他にいるでしょうか。「私」というエゴの本質を見てください。その本質をはっきりと知ることでエゴは解き放たれ、あるがままの、そして本来の働きをするエゴになるのです。

ですから、「私」というエゴの本質を見てみましょう。

「私」は周囲から切り離された体という枠の中にいます。あなたが思い描いているあなたは、常に特定の場所にしか存在せず、特定の姿かたちの中に納まっています。すべてのものとして存在しているかもしれないなんて、「私」には到底理解できません。「私」とは内側にいるもので、そこから世界を見ていて、「私」と敵対しているように見える世界の中で、生き残るために困難を乗り越え、闘い、「私自身」を証明しなければならないものと思っています。「私」はただ内側と外側の境界――分離――しか理解できません。

自分は体の内側にいるのではないと分かった時、分離した自己が存在するという思い込みを持続させることはとても難しくなります。体というものは、「私」という自己認識の大きな部分を占めています。でももし、体とは単に今の瞬間に現れている姿に過ぎない、ちょうど今その椅子が椅子という姿として現れているのと同じようにと分かったならどうなるでしょう。体を「私のもの」だとか「私」だとか主張するのは思考だけです。

「私」は常に権力闘争をしていて、負けるか勝つかしかありません。双方が勝つような関係はあり得ません。「私」の本質とは「私自身」を守ることです。この生の劇の中で困難をうまく切り抜け、「私」と呼ばれる個人を守ることです。「私」は分離を生みます。私、あなた、私のもの、あなたのもの、私の利益、私の不利益。苦痛や恐れから自己を守り、物事をコントロールし、すべてが安全だと思いたいのです。枠をはめて限界を設定し、その枠が自分を守ってくれると考えています。「私はこの人にはあまり近づかないようにしよう、傷つけられるかもしれないから」。「本当に感じていることは隠しておこう、拒絶されるかもしれないから」

「私」は安全でありたいし、個人的に必要なものは手に入り、すべてコントロールできていると感じたいので、恐れに基づいて話をします。「私」は他者を「敵」と見なします。他者がすること、目つきや言葉はすべて脅威に感じます。「私」は、「私は安全ではない」、「私は（良い人でいないと）愛されない」、「私は何でもコントロールできる」と信じています。

そう信じるのは、分離が存在するという思い込みと恐怖があるからです。分離した「私」が実際に存在するという思い込みがあるのです。

過去にひどい扱いを受けたり利用されたりしたつらい経験があるなら、自分自身に枠をはめて守ろうとする傾向はさらに強くなるでしょう。

思考は同じところをぐるぐる回り、あるがままにあるものを拒否したり、あるがままから自分を守ったりというパターンを何回も繰り返しています。「私」は自分自身を現実世界の犠牲者と見なします。「いつもこうなってしまう……」。傷ついた時、誰かを責めるのはもっとも簡単なことです。「私のお父さんが、お母さんが、愛する人が、『私』を傷つける」

思考はたとえネガティブなことであっても、慣れ親しんで心地良い、以前からの習慣を何度もなぞる傾向があります。私たちは「かわいそうな私」の物語に慣れきっています。「かわいそうな私、いつもこんなふうに扱われてしまう」、「かわいそうな私、誰も分かってくれない」、「かわいそうな私、誰も愛してくれない」

何て特別な「かわいそうな私」の物語でしょう。自分は何て特別なのでしょう。何てとてつもなく惨めな自分でいられることでしょう！

「私」は人生を闘いだと思っています。傷ついたり拒絶されたりしないかといつも恐れています。常に警戒し、攻撃されたと感じたらいつでも防御する準備ができています。この「私」は、高い評価を得て愛され、特別でありたいと望んでいます。他の「私」とかかわり、つながりを持とうと努力しますが、まさにその本質のために、結果的には分離の幻想を持続させてしまうことになるのです。ここに分離した「私」がいると信じれば、当然向こう側にも分離した「あなた」がいるものと信じています。

分離している感覚には絶えず苦痛が伴うので、「私」は自分が安全で愛されていると感じられるように、様々な作戦を練って実行します。それらのほとんどは両親や親戚から学んだものであったり、子供時代の経験から生き残るために身につけた無意識の心理的メカニズムであったりします。特定の人間関係にしがみついたり、独占しようとしたり、実際は恐れ混乱しているのに何事もないように装ったり、役割や仮面の陰に隠れたり、良い人であろうと努めたりするのです。

これらのいわゆる生存のための心理的メカニズムが実際に愛をもたらすことはありません。これらは単なる物語に過ぎず、かえって分離した個人としての感覚を強めてしまうものです。「私」はいわゆる「外界」から承認され、愛されることを求めます。「私を見て！」、「私にはどれだけ価値があるか教えて」。「私」は自分を知ろうとして、この「外界」の中を探します。自分を不完全なものに感じて歩き回り、完全さを探すのです。

「私」は迷子になったような気がして、この気持ちをどうにかしなくてはと彷徨《さまよ》い続けます。「私」は分離と孤独を感じ、ずっと一緒にいてくれる仲間や娯楽を求めながら、自分の根源が**愛**と**善性**であるなどとは思いもしません。そのため、「私は良い人でいなければ絶対に愛されない」と思いながら、安心や注目を得ようとして人に近づきます。

しかしそのように**愛**を求めるのは、その思いとは裏腹に、本当のあなたが既にあなたの求めているものであることを否定するだけなのです。その状態は大変な苦しみをもたらしますが、ほとんどの場合、そこから脱出する方法は見つかりません。慣れ親しんで心地良い、それでいてとてもつらいパターンがただ繰り返されます。人との関係は停滞しながらも安全です。愛には必ず条件がつきます。「私を愛してくれるなら、あなたを愛します」、「私に与えてくれるなら、あなたにも与えましょう」――計算に基づいた権力闘争です。そこには本当に信頼したり、**愛**に自分をゆだねるということがありません。

「私」は信頼することもゆだねることも知りません。「私」は未知の危険から自分を守りたいだけです。すべてを知り定義しておきたいのです。「私」は誰かを守っていると誇らしく信じていますが、実際には、この守ることこそが分離の感覚です。すべてを安全に保ち自分でコントロールしようとする努力こそ、分離の感覚を持続させているのです。

「私」はまさにすべてのこと、すべての人の間違いを正し、解決し、改善するのが好きです。「私」は絶えず欠点や汚点に目を向け、それを指摘することで自分の優越性や正当性を感じるのです。「私」は常に自分の方が正しいという立場から許します。あなたは私に悪いことをしたけれど、私はあなたを許すほど寛大です、と。

「私」は条件をつけて愛することしかできません。何らかの動機から条件つきで愛します。「私」は常に分離していながら、出会ってひとつになることを望みます。それは私からあなたへの愛、安全な愛、境界線の内側に閉じ込められ規則で縛られた愛、所有的な愛です。

「私」は聞いたことを、自分が知ったつもりになっていることに合わせて、都合よく変えてしまいます。あらゆることをそのようなフィルターを通して見ます。相手の行動も、自分にとってどういう人かというフィルターを通して見ています。

自分自身の行動もまた、相手が自分をどう思っているか、まだ自分を愛しているかどうかといったフィルターを通して見ています。そこにはいきいきとした新しさは何ひとつありません。そうすれば安全を感じることはできますが、今起きていることを過去のどの出来事とも違うまったく新しいこととして受け入れない限り、**生**は活気のない退屈なものになってしまいます。ですから、安全を感じられても、たいてい私たちはさらなるものを望むのです。「今までと同じ感情や状況だけではない、このような繰り返し以上の何かがあるに違いない」と。**生**はよどみ、制限され、ただ惨めなだけに感じられます。

また多くの場合「私」は、不快で脅威を感じるような状況や感情を大変賢く哲学的な説明でごまかし、**生**を安全な距離に置こうとします。とても頭の良い人やスピリチュアルな人はそうなることがあります。

「私」は大変巧妙で、どのようなところにも上手に隠れてしまいます。信念や観念の陰に隠れると、何事もあなたを深く感動させ開放することはできません。それはあまりにもつらかったり、あまりにもふしだらで官能的なことだったりするでしょう。せっかく安全を保っているのに、そのすべてを危険にさらすことになるかもしれません。砂上の楼閣を完全に崩壊させてしまうかもしれません。

でもその時、あなたは発見するかもしれません。誰かが何かをコントロールしているということはなく、**生**は単にいきいきとした溢れる官能性なのだということを。本当の**あなた**を認識すれば、

「私」という人物が生きているという思い込みや感覚がなくなります。実際には「私」などいなかったのですが、存在すると思い込むことで、その信念が**生**にフィルターをかけてしまったのです。

生はただ展開しているだけなのに、「私」に対して展開しているように経験されます。本当のことを認識する、つまり**覚醒**することにより、そのフィルターは消え、**生**は直接展開するようになります。起きていることはすべて、ただ本当の自分の中で本当の自分として起きています。それは知ったり、コントロールしたり、理解したりするものではないので、心地悪く恐ろしいと感じるかもしれませんが、生きていることを確実に実感させてくれるのです。

この「私」が実際に分離しているというのは根拠のない想定であり、ちゃんと調べてもいない盲目的な思い込みです。それがこの苦しみを作り出しているのです。もしこの「私」には本当に何か重要な意味があると考えたなら、恐れに基づいた私の物語はすべて重要な意味があり、分離した誰かについての実際の物語であると信じることになるでしょう。

でも、この「私」という言葉が示すような誰かが本当に存在するのかどうか、少しの間考えてみてください。そこには誰もいません。この「私」とは、単なる想定ではないですか。ただの言葉、思考ではないですか。私の言うことをただ信じるのではなく、自分で見てごらんなさい。もしそこに誰も見つからなかったら、勇気を持って自分で見出したことを信頼してください。あなただけがそれを知る権限を持っています。あなたが知っている真実を信頼してください。世の中の人々は分離した私がいると信じているかもしれませんが、あなたは自分の目でそれが存在しないことを見破ることができます。勇気を持ってその発見を支持してください。これが本当の反逆です。

たとえそこには実際の私が存在しないと分かったとしても、まるで存在しているかのように人とつき合い振舞います。でも、この私とは単に分離の状態を演じている**生**全体であるというのが事実なのです。

それは**生**、つまり**意識**の焦点です。今経験していることに注意の焦点が合っているのです。今、見ている、聞いている、触れている、感じている——これが焦点です。この焦点があるのは実際に分離した私がいるからだと思い込むことで、苦しみが生じるのです。

決して焦点が問題なのではありません。それどころか、焦点はこの分離の劇の重要な要素なのです。この焦点、そして分離した個人がいるかのような劇は、悪いことでも間違ったことでもありません。ただ枠を設定しているだけです。焦点はその性質として、ひとつの経験に集中し、他を排除します。

それはこの劇の世界で機能するためになくてはならないものであり、健全な自己感覚は他の人と交流するためには必要なものです。本当のあなたを知り、このような性質を理解すれば、私は**生**の劇の中でもっと自由に機能できるようになります。「私」には、**意識**に焦点を持たせるという本来の機能があるのです。

それはまるで鉛筆の先端のようなもので、それがあるからこそ鉛筆は書くことができます。分離した自己という認識は、**生**全体の中にある焦点です。その自己認識により、**生**はそれ自身を創造し表現することが可能になるのです。あなたが**意識**そのものであるのは本当なのですが、同時にあなたはあなたであり、彼や彼女やその他の誰でもありません。「私」というエネルギーは、**生**の劇であるエネルギー的現実の世界においては、十分称賛に値する、理にかなったものです。覚醒とは、「私」は単に**生**の劇のひとつの側面でもあると認識することです。「私」とは、ただ分離の状態を演じている本当の私なのです。

それがはっきり分かると、エゴはあるがままでいられる自由を得ます。はつらつとし、それまでよりも健全に演じるようになります。分離の演技をしているだけなのだと疑いようもなく知っているからこそ、分離した自己として自由に演じられるのです。

多くの場合、自信が増して気楽になります。それは増長したエゴに見られる傲慢さからくるのではなく、単に、私は無知の状態にありながらも本当は知っていること、分離した「私」の演技はそのままでまったくもって問題はないことを確信しているからです。どのような自己批判も自己不信も馬鹿げているのが分かり、誰かが何かをコントロールすることはないのに気づけば、それらは徐々に消えてゆきます。そうなると分離した人格はもっと自由に創造したり表現するようになり、自発的に行動し、古い習慣やパターーンから飛び出し、自然に生じてくるものを素直に表現するようになるのです。
あなたが何も知らないということを本当に確信するには、かなりの勇気が必要です。何も知らないことを確信してしまえば、しがみつけるものがなくなります。それでは、何か確信できるものはあるのでしょうか。確信できるのは、あなたは知らないということだけです。そのため、本当の**あなた**は繊細で傷つきやすく、無邪気です。勇気を持ってその事実を認めてください。勇気を持って裸で立ち、あなたの外側からあなたを見ることができる人はいないことを確信してください！

「ライオンのごとく吠えろ！」とプンジャジが言ったように。

この言葉を何も考えずに言葉通り受けとめたなら、とてもエゴイスティックに聞こえるでしょう。あなたは**生**のすべてであり、矛盾するようですが同時にエゴであり、ひとりの個人です。本当の**あなた**を知ることで、個人として現れている者は自信を持ち、はつらつと輝くようになります。

本当のあなたはたった今、既にあなたの望んでいるすべてのものであるという認識が深まれば深まるほど、**生**は一層自然に流れるようになります。どのような努力や強制をも超越した流れです。自然に流れている、そしてそれを邪魔する人はもう誰もいないという単純な発見があるのです。もう、どこにも障害物は見えません。

本当のあなたは恐れを超えてつながり、かかわり、いつも安全で敵はなく、自分の他には誰も存在しないと分かっています。真の安全は、本当はそう思っていないのに安全だと思い込むことからは得られません。本当のあなたを知ることでのみ得られるのです。

本当のあなたは**愛**であり、**愛**において私は存在しません。

愛に分離は存在しません。**愛**は事実であり真実であることだけに興味を持っています。もはやあるがままに対する抵抗はなくなったので、あるのは**愛**だけです。**愛**は**存在**です。真の**愛**はあるがままを愛します。**愛**は分離した「私」がどのように現れていても、それが単に笑い話のようなものだと見抜いています。**愛**には何の条件もありません。**愛**はただ愛し、何の見返りも期待しません。**愛**はただそれ自身を、何であれそこにあるものとして表現しているのです。

愛はあらゆる場所にそれ自身を見、見たままを愛します。どのような意見も持たず、選り好みをしません。疑ったり批判したりしません。差別をしません。何ひとつ、誰ひとりとして**愛**から外れているなどとは思いません。**愛**は思考と思い込みによる錯覚を見抜きます。**愛**は分離した「私」が単なる見せかけであると知っていて、しかもそれをも愛しています。**愛**は本当は分離などないことを知りながら、分離を装っている劇を愛しています。

愛は敵対したりコントロールしたりしません。**愛**はすべての安全を確保する必要がありません。**愛**は決して無難ではありません。**愛**は常にいきいきとして自由です。常に新鮮です。常に今です。**愛**とは、あるがままに対して完全にゆだねることです。

「あなたは自分のエゴの顔もマインドの顔も見たことがない。
それは幽霊のようなものだから、幽霊として受けとめよう。
それは世代から世代へと受け継がれてきた。
現実にはエゴは存在しない。マインドは存在しない。
そして輪廻は存在しない」

H・W・Lプンジャジ（パパジ）

思考の本質

「キスは、言葉がいらなくなった時、
会話を止めるように神様が考え出した素敵なトリックよ」

イングリッド・バーグマン

思考は、しばしば敵とみなされます。ほとんどの精神修業や心理学的訓練では、考え方をもっと前向きにしたり、思考を分析したり、あるいはすべての思考を停止させたりという努力をします。思考とは、解決すべき重要な問題であるととらえられています。

人々が「ああ、マインドだ！　マインドさえ黙っていてくれればいいのに！」と言うのを、私はよく耳にします。でも、あなたは今この瞬間、考えていますか。何を考えているかと探さなくても良いですよ。この言葉を読んでいるまさに今、あなたは考えていますか。

私が言いたいのは、思考は常に働いていると思われていますが、実際には休んでいることも多いということです。事実、思考は働くのと同じくらい自然に休んでいるのです。ほんの少しの間、静かによく観察してごらんなさい。そうすれば、あなたはその瞬間には何も考えていないことに気づくでしょう。ほんの一瞬かもしれないし、もう少し長い時間かもしれませんが、思考が沈黙しているその間は、思考を超越した本当のあなたである沈黙がはっきり現れているのです。この沈黙は、沈黙についての思考さえも含むあらゆる思考が生じる以前に存在しています。この沈黙には、あなたが思い描いているあなたさえも飲み込んでしまう**愛**があります。

しかしながら、ほとんどの時間はあまりにも大きな雑音があるために、沈黙は見過ごされたり忘れられてしまうようです。そのため人生が大変苦しい闘いであるように見えてしまい、思考というベールを通して生きることになります。

生は思考を通して解釈され、現実はいつもベールで覆われています。思考はあらゆる出来事を解釈し、夢想し、脚色し、合理化してしまいます。思考はあらゆる出来事を、闘いや解決すべき問題、つまり実に波乱万丈な物語であるかのように思わせます。思考は平凡さに我慢できません。誰かにときめいたなら、まだ一緒に食事さえしてないのに、思考はBGMを流し、御伽話《おとぎばなし》のような結末を描きます。

それでは、どうしたらこの思考のベールから抜け出すことができるのでしょうか。重要なのは、思考を乗り越えようとしている者である「あなた」という観念は、思考そのものだということです。思考がそれ自身を乗り越えることは不可能です。思考を分析したり手なずけようとする努力は、いらいらしながらいつまでも終わらないゲームを続けるようなものです。何も変えようとせずに、思考の本質をただあるがままに見てください。このようにあるがままを自然に受け入れる時に、既に緊張はほぐれています。

マインドの本質とは何でしょう。私たちはマインドがまるでひとつの実体であるかのように、様々に想定します。マインドは存在するのでしょうか。あるのは意識の焦点という単純なものなのです。少しの間、このページに印刷されているこの文字を眺めてみてください。じっと見ていると、それはただの図形に見え、意味のない曲がりくねった線に見えてくるでしょう。私が「単純な」と言ったのはこのことです。思考は働かず、ただ文字を見るという行為があるだけです。これが意識の焦点の本来の状態です。そこには何の意味もなく、まるでその文字を初めて見るかのようです。ただ単純に、文字のイメージを見る経験に焦点が合っています。

それでは通常の読み方に戻り、思考が言葉を一つひとつ解釈し、分析し、批判するこの素晴らしい働きを観察してごらんなさい。この単純な性質である意識の焦点において、思考はこの素晴らしい働きをしています。意識は今、思考プロセスに焦点を合わせています。

この意識の焦点は多くの場合、「マインド」と呼ばれます。マインド、つまりエゴはすべての苦しみの原因であるとされています。でも実際には、この意識の焦点は何も引き起こしていません。それはただ注目しているだけです。身体的感覚や目に映る映像、聞こえる音、そして思考など、何であれ今起きていることに焦点が合っているのです。

私はこれを「意識の焦点」と呼びます。なぜならば何の枠もない**生**が、この焦点の中だけにいる者を演じているからです。

この焦点は次から次へと移動するように見えますが、この瞬間においては、他のことではなく今経験していることだけを認識しています。この意識の焦点は他から切り離された実体ではなく、単に今現れている焦点です。しばしばこの焦点は、思考する独立したマインドという観念と混同されます。

実際に、よく見れば、思考する独立したマインドというものは存在しないのが分かります。単にその思考が焦点の中に現れているだけです。思考はこの直線的な時間の世界でのみ働きます。思考は過去をもとに未来を予測します。でも思考を超越したところでは、今この瞬間に時間は存在していません。

起きることは何であれ初めて起きたことだし、同じことは二度と起きません。今起きていることは、これっきりです。今何かの思考があるとしたら、その思考はただひとつのものです。そのような思考は今だかつて存在したことはありません。習慣やパターンや条件づけなどというものは存在しません。今この瞬間には、現れているこの思考があるだけなのです。

もしあなたが昔の思考パターンに囚われていると思い込んでいるなら、今すぐ立ち止まり、そのパターンは本当は何なのかを見てください。それは、今初めて現れた思考です。あなたがそのようなことを何回も繰り返した過去などなかったし、それを何回も繰り返してしまう未来も決して訪れないのです。

ここにあるのは今のこの瞬間だけであり、それが自由です。どのような状況におかれていても、喜びや明るさがあってはいけない理由はありません。今立ち止まり、存在するのはこの瞬間のみであることを見抜いてください。それは始まりであり終わりです。このページの言葉や今ある思考よりも前には、何も起きなかったのです。もしこれを本当に見抜くことができ、「今ここに存在する」ことを理論を超えて理解したなら、しつこく繰り返すように見える様々なパターンとは本当は何かが見えてきます。それは単にこの瞬間に生じている思考なのです。

思考のあるべき本質ではなく、あるがままの本質を見抜いてください。あらゆる「あるべき」は、苦しみをもたらすだけです。「あるべき」という観念は、そもそもあるがままに対する不満です。あるがままから逃れる術はないので、その不満は苦しみとなります。思考の本質とは、そうあるべきではないと考え、あるがままには決して満足しないものであるのを見抜いてください。順調に行っていると思える時でさえ、思考は必ず問題を見つけ出すということに気づいてください。

思考は波乱万丈の物語が大好きです。思考は動きでありエネルギーです。物事が少しでも平穏無事で静かだと、思考はどこか痒いところや心配事を見つけようとします。思考は**絶対的存在**とつながることができません。思考にとって、**存在**とは単に想像上の概念でしかありません。ところが**存在**を認識するというのは、実際には思考を越えて不知の中に飛び込むことなのです。

思考ですべてを理解する必要はありません。生きてゆく上で、あなたはいつも思考の指示を頼りにするかもしれません。思考は大変役に立つものです。すべてを定義し分類することにより、あなたを取り囲んでいるものたちを知り、安全に生きられるように手助けをしてくれます。あなたが部屋に入れば、思考はほとんど無意識に「私の部屋」、「椅子」、「ベッド」、「窓」などとラベルを貼りつけてくれます。何て便利なのでしょう！　部屋に入った時に、「この見慣れないものたちは何？」と不安にならなくても良いのですから！

また思考は、物事がなぜ、どのようにして起こるのかを分析するのに大変に役立ちます。人々や人生に関して様々な理論を立てることができます。誰かの行動を不可解に感じたなら、「あの人たちがあんなことをするのは、過去にひどい目にあったから、あるいは罪悪感を持ったから、あるいは……」と説明します。今何が起きているのか、そしてその理由は何かを理解していると思えたことで、安心で安全な状態に戻ります。

それでももっとも創造的なインスピレーションや明晰《めいせき》さは、ほとんどの場合、思考のない瞬間に訪れるものです。思考にはそれを理解することも、定義することも、再生することもできませんが、それは起こります。思考は大変便利なものではありますが、明らかに限界があるのです。思考の本質とは、あらゆる物事にラベルを貼って説明することにより、安心安全なものに見せることなのです。

思考はこの上なく安心安全な想定、つまり「私」を創作します。この体の中には「私の人生」や「私に」起きることをコントロールしている誰かがいる、と想定するのです。

ご存知のように、この安全な想定は社会全体でますます強化されています。就職の面接を受ければ、あなたについてや、あなたが問題をどのように処理するかについて尋ねられます。そこには、似たような状況に対して常に同じ方法で対処する誰かが存在するという想定があります。まるで「あなた」は固定されているかのように。あなたが歯医者に行って雑誌を読めば、いかにして自分自身をやる気にさせるかという記事に目が止まり、本屋へ行けば、自己啓発の本がずらりと並んでいるのを目にするでしょう。

「あなた」や「私」という言葉でさえ、絶えず会話や書物で使われています。想定されたこの「私」は、すべての経験や感情、その他の思考を「私のもの」であるとか、「私」にとって意義があるとか主張します。そのような想定の本質をよく見て、これは思考が枠を設けて限定しているに過ぎないことに気づいてください。この「私」も、枠をはめるためのひとつの思考に過ぎないのです。本当の**あなた**は、決してひとつの思考の枠に納まるような存在ではありません。

思考はいろいろと役に立っていますが、多くの人が考えているような熟達した指導者ではありません。ただ手助けをしよう、すべてのことを知って安全なものにしておこう、納得しようと努めているだけです。思考の本質を知り、思考は単にその義務を果たしているだけなのに気づいてください。それ以上でも以下でもありません。

思考はこの現れの劇の中で、本当の**あなた**である**愛**を知りたい、反映したいと望みます。それは全部あなたのためにしていることです。それでも、思考がそれ自身を超越したものを真に知ることは不可能です。

思考はこの劇の一部です。思考とは、姿や経験という限界あるものを通して、**愛**がこの劇の中でそれ自身を表現するために使う道具なのです。

思考の本質を知れば、愛しさと感謝を持つようになります。思考には限界がありますが、敵ではないのです。

鎧を脱ぎ捨てる

「残りの人生の一瞬一瞬に、この世界のあらゆることで胸を痛めなさい。
そうすれば、あなたは愛に仕えて生きることができる」

ガンガジ

本当の私は、完全に無防備です。私は守られる必要がありません。私は隠れることができません。私はすべてのことに対して開かれています。私は苦痛であり、困窮であり、傷心であり、欲望です。私は、純粋な生《なま》の感覚です。

私は何にもしがみつくことができません。すべては、砂のようにこの指をすり抜けてしまいます。私は迷子です。すっかり迷っていて、誰かが私を見つけてくれるかもしれないと期待することもできません。**生**が感じることを私は感じます。それは時に溢れんばかりの悲しみや苦痛であり、またある時は溢れんばかりの喜びです。

それは私を圧倒し、体に抱えきれなくなることもあります。

「私は震えおののく。胃がむかつく。気分が悪い。口が渇く。心臓がドキドキする。恐怖を感じる。強がっている。すべてをちゃんとコントロールしているかのように行動する。自分が何をしているかを知っているかのように行動する。関心を持っているかのように行動する。どうでも構わないかのように行動する。途方に暮れ空しいのに、そうではないように行動する。人に見られるのが怖い。本当の私が暴露《ばくろ》されて笑い者にされそうで怖い。自分が何をしているのか、自分はどうあるべきなのかを、本当はまったく分かっていないことを誰かに知られてしまうかもしれない。私が恐れ途方に暮れているという事実を、誰かに暴露されてしまうかもしれない。もしそれを人に知られたら、私に何ができるだろう。自分が傷つけられるのを防げない。私を守ってくれるものはない。他の人には強い人間と思われていると自分では想像しているが、そう思われていないのかもしれない。私はぼろぼろになってしまうかもしれない。私は繊細で傷つきやすくなってしまうかもしれない」

このような思考が生じます。このような恐れや身体的感覚が生じます。様々な思考や感覚が生じますが、それらは既に繊細な傷つきやすさなのです。あなたはそれを隠すことができません。それから逃れることもできません。**生**が**生**自身から隠れることができるという演技をしているのを、**生**自身が見ています。どうしようもない繊細さが繊細さ自身の中に隠れ、繊細さ自身がそれに気づかないふりをしているのです。繊細さは、強い者を演じています。傷つきやすい繊細さは、自分を守ることのできる者を演じています。

私は自分がとても傷つきやすいと感じています。無防備です。苦しみや傷を受けてしまいます。でも私はそれと同じくらい喜びを受け取ります。この甘美で無邪気な繊細さこそ本当の私です。私はそれを守ることも隠すこともできません。ここには苦しみが生じます。ここには喜びが生じます。私は何も拒まず、ここではあらゆることが起きます。

生自体は中が空洞の竹のようなものです。その中をあらゆる出来事、あらゆる感情が通り抜けます。そのどれひとつとして、私にはコントロールできません。止めることもできません。それはただ通り過ぎるだけです。通り抜けるのは、この体の中ではありません。この体さえ、その空洞を通り過ぎてゆくものなのです。しがみつけるものは一切ありません。すべては常に落ち続け、決して着地することはありません。

すっかり途方に暮れていると、思考が現れ、判断基準になりそうなポイントを探します。説明でも理由でも、とにかく何かしがみつけるもの、虚無を埋めることのできるものを見つけ出そうとします。そして守ろうとします。これが分離の劇です。あなたはこの分離の劇を超えたい、分離した私という幻想を守るのはもうやめたいと望みます。

では、なぜ守り続けているのでしょうか。多分あなたは自分自身に「自分を守らないと人に傷つけられてしまう」と言い聞かせているのでしょう。人から言われたことやされたことで、自分が苦しんだり、嫌な気持ちになったり、嫌な考えを持ったりするかもしれないと思うのです。

多分、自己防衛のメカニズムを働かせてしまう過去の傷が記憶に残っているのでしょう。かつて無防備で繊細だった頃に攻撃されたので、今は自分を閉ざして繊細さを隠すようになったのかもしれません。あなたの周囲にいる人々は皆、そのように自分を守って暮らしているのかもしれません。

理由は何であれ、自分を守るためのそのメカニズムは馴染《なじ》み深いもので、快適だし、安心感を与えてくれます。それでもあなたはそれを打ち破り、自由に愛し、信頼し、あなたが知っている真の**あなた**である**一体性**として生きたいと望んでいるのです。

あなたは隠れたり守ったりすることにあまりにも慣れてしまったので、何を守っているのかさえ忘れてしまうほどです。あなたの周りの人々も同じゲームをしていると思えるので、それは永遠に続くように見えます。仮面が仮面とゲームをしています。すべてがコントロールされ、ぎこちなくなっています。

あなたはもう叫び声を上げて、それらのすべてを脱ぎ捨ててしまいたいと思いませんか。本当のことや、固まった笑顔の裏にある苦しみ、偽りの安心ではごまかせない不安を、さらけ出したいと思いませんか。家、住宅ローン、結婚、目標、責任、境界線、制限などはただの概念、夢、想像です。それらは、確実なものは何もないという事実を見ないでおくために夢想されたものです。本当は何も知らないのです。

あなたは鎧《よろい》を脱ぎ捨て、血を流したいと望んでいます。コントロールを解き、本当の感情を感じて生きていることを実感したいのです。これがこの世での最後の瞬間であるかのように生きたいと望んでいます。不快な時には泣き、嬉しい時には我を忘れて笑う子供のように生きたいのです。

あなたはそのように自由になりたい、生にすべてをゆだねたいと望んでいながら、それが怖くもあります。自分をコントロールしないことや喜びを表現することは、大変みっともない常識外れのこととされています。あなたは人にどう思われるか、あれこれ考えます。もし実際に本当のあなたである**無邪気さ**を生きたらどうなってしまうだろうと、あれこれ考えます。

ともかく自分を守るゲームをしていれば、本当に自分を守れるという誤解が根強くあります。本当のあなたは常に繊細なのです。どれだけあなたが身構えて自分を閉ざしても、痛みや苦しみは消えません。実際には、守ることでさらに緊張して萎縮し、状況を悪化させているのです。体のどこかに痛みを感じた時、何てつらいんだろう、何てひどい痛みなんだろうと考えると、痛みがさらに強くなった経験があなたにもあるでしょう。

あなたは何を守っているのですか。本当のあなたである絶対的な無邪気さ、常にあなたであり続けているこの無邪気さでしょうか。あなたが子供だった時からずっと変わらず、これからも決して変わることのない、そしてあなたの外見がどれだけ老いたとしても少しも影響されない、この永遠の純粋さでしょうか。この無邪気さはどのように振舞っても、何をしゃべっても、またその結果どのようなことが起きようと、決して変化しません。**無邪気さ**は、その本質として決して傷ついたり汚れたりすることはありません。**無邪気さ**を守る必要も守る手段もありません。

あなたが何もかも安心安全で、ちゃんとコントロールできているように装っても、本当はいったい何が起きているのかを知らないことを、あなたは知っています。自分がどうあるべきか、本当の自分とは何なのか、まったく分かっていません。あなたは何も知りません。

この事実を認識することが、あなたの望む、自分を明け渡しゆだねるということなのです。私は目標を立てたり、約束をしたりしてはいけないと言っているのではありません。ただあなたがどのような目標を立てたり約束をしたとしても、生は未知のものであることを覚えておいて欲しいのです。決して知ることはできません。

「怯《おび》えながら生きたければそうするが良い……それがいやなら、彼女と踊れば良い」

作者不詳

ゆだねる

「誰を愛するか、どこで愛するか、なぜ愛するか、いつ愛するか、どう愛するか、そんなことはどうでもいい。大切なのは、ただ愛することだけなんだ」

ジョン・レノン

私たちは神に、グルに、教師に、あるいは愛する人にすべてをゆだねたいと思っています。だからこそ、宗教や文化によっては献身的な生き方が賞賛されるし、欧米でも以前より好まれるようになってきています。私たちはゆだねたいと望んでいるのです。その対象が何であろうと誰であろうと構いません。すべての傲慢さや分離を**生**の祭壇に捧げることが、ゆだねるという行為なのです。ゆだねるという行為により、自分を守るゲームとは本当は何かが明らかになります。グルや愛する人にすべてをゆだねることで、内側も外側も、グルや愛する人も存在しなくなります。すべてをゆだねたなら、そこに残るのはただ**愛**のみです。

私たちは消えてなくなりたい、自分自身を完全になくしたいと望んでいます。それでいて、怖いのでそれから逃げているのです。もし完全に自分をゆだねたら、何もコントロールできないし、物事を枠にはめてとらえることもできないし、自分はこういう者だという認識も失われてしまうでしょう。それを恐れる一方で、分離した自己を維持し守るのに疲れ果てています。

欧米の文化に暮らす私たちのほとんどはは大変プライドが高く、誰かに屈服して自分をゆだねることができません。「ゆだねる」という言葉は多くの場合、負けや弱さを認めることだと解釈されています。しかしゆだねるとは、本当のあなたとして完全にすべてを受け入れるという意味なのです。弱いわけでもなく、決して負けなどではありません。それは、自分が生そのものだと認識することです。あなたの精神にも、感情にも、身体にも境界線は存在せず、あなたはあなたが感じているであろう自己の枠よりも遥かに大きな存在であるのを知ることです。そうすれば、思考や信念や想定に頼ることはなくなります。自分の思考の中に安全を探すことはなくなります。ゆだねるとはすべてを失い、今生じている**生**のみが残ることです。

ゆだねるとは、親密になること、繊細でいることです。あなたが何も知らないこと、そして多分あなたが本当はひどく恐れ戸惑っていることをさらけ出すことです。その開放的な繊細さには絶対的な強さと力があります。でもそのような開放性は、あなたが思うあなた、あなたが演じているあなたという観念で覆い隠されてしまっているのです。それを認識し、本当のあなたは決して傷つけられないし、弱くもないことを知ってください。あなたは**生**そのものなのです。ゆだねるとは、脇に退き、すべてを知っている、ちゃんとコントロールしていると偽るのをやめることです。脇に退いて、**生**にあなたのすべてをまかせ、飲み込まれることです。ゆだねるとは、限定する枠を持たない**愛**のことです。守るべき、攻撃から保護するべき人物はいません。あるのはただ繊細で、隠れていない、無防備な**真の自己**です。苦しみを感じているならば苦しみを感じ、喜びを感じているならば喜びを感じます。何が起きようと、あるがままを拒むことも、それから逃げることもできません。ゆだねるとは、あなたが今大切に思っていることをすべて断念することです。川の流れに身をゆだね、たとえどれほどの苦しみが待っていようと、それが流れゆく場所へ流されることです。

思考が同意しようがしまいが、私たちはあるがままを、それが何であれ無条件に愛しています。**生**はあなたを演じているのです。それが**愛**です。

思考はゆだねることを目標にして、それを達成しようとします。でも私の言っているのは、そういうことではありません。あなたにはゆだねることができません。あなたは既にゆだねている状態にあるのを認識してくださいと言っているのです。何かをする人である「あなた」は存在していないことを理解し、あなたが存在しないということは既にゆだねている状態であるのに気づいてください。それがもう**愛**なのです。何かにしがみつこうとすることも、またはゆだねようとすることも既に手遅れです。**生**は今この瞬間、既に完全にゆだねているのです。神も、グルも、教師も愛する人もいません。あなたを何かから、あるいは他の誰かから分離させている境界線などありません。

ただあるがままへの愛があるだけです。

すべてが失われました。今のあるがままの中へと死んでゆきます。これがゆだねるということです。実は私たちが覚醒と呼んでいるのは、あるがままの姿にあまりにも深く感動し、あなたの人生が壊されることです。あらゆるものがひとつ残らず、今この瞬間に対して降伏し、消え失せるのです。

勇気を持って**生**にあなたを預けてください。自分を失うことで**愛**とは何かを知ってください。

死

「あなたは生きるという、この厳しいルールのゲームをしている。第一のルールは、プレーヤーは全員死ぬこと。そして、いつ死ぬかは誰も知らない。とても若く優れた者が先に死ぬことが多い。全員が参加しなければならない。ゲームは永遠に続く――但し勝つことで終了できる。勝つとは、死があなたをつかまえる前に、あなたが死をつかまえること。賞品は――生」

作者不詳

ゲーム終了……おしまい……やめ。

私たちにとって、死は大変なタブーです。死を避けるためなら、私たちは何だってやってしまいそうです。私たちの文化ではたいてい、死とはもっとも避けるべき、もっとも否定するべきものです。私たちは死を大変恐れ、無になること、存在しなくなることに怯えます。

この肉体はいつか死ぬでしょう。でも今、あなたは肉体が死んでしまう前に死と出会い、自分はこの肉体であると考えるのは間違っているのに気づくことができます。
死ぬのは、この肉体との間違った同一視です。その死により、あなたは本当のあなたの真実に目覚めるのです。

多分、あなたは存在しなくなるのを恐れているでしょう。死ねば「あなた」はいなくなります。「そうではなくて、あなたは**存在**なのですよ」と多くの人が言ってきました。でも、その言葉を信じるだけでは救いになりません。あなたはそれをあなた自身で実感しなくてはなりません。

自分が存在しなくなる恐怖に立ち向かい、それは本当かどうかをひたすら追究してみてください。存在しなくなるのは誰でしょう？　何でしょう？　今、あなたは存在していません。あなたは自分を誰だと思っていますか。あなたは今、自ら進んで死ぬことができますか。過去のあなたを、現在の自分だと思っているあなたを、そして予想する未来のあなたを、自ら葬り去ることができますか。葬り去った後でも残っているものは何でしょうか。

「あなた」は肉体でしょうか。この袋の中身の骨と肉が「あなた」でしょうか。普通はそのように想定され、誰も疑いません。

その想定によれば、別々の体に別々の自己認識が宿っています。でも今、もしあなたがこの想定は真実かどうかをよく調べたなら、何を発見するでしょうか。

今この瞬間、あなたは自分の体に気づいていないでしょう？　そして今、その体が気づきの中に現れたのではないですか。今の瞬間に感じている感覚が、その気づきの中に現れるのではないですか。自分で真実だと感じたことを信頼してください。私は常識と正反対のことを言っています。よく見てごらんなさい。あなたが体の中にいるのではなく、体があなたの中にあるのです。これは常識からすればとんでもないことですが、純然たる真実です。

あなたは体の中にいるのではないと認識した時、本当のあなたを認識することになります。あるがままの**あなた**は、いかなる物体の中にも、またいかなる物体によっても絶対に閉じ込められたり、制限されたりしません。何が起きようとも、どのようにも、決して制限されたり影響されたりしません。

本当のあなたは、様々な出来事に気づくのと同じように、常にその体に気づいているだけです。それなのに、その体が死ねばあなたも死ぬと言うのですか。今すぐ死んでください。あなたはその体ではないと知り、今すぐに死とは何かを知ってください。

死とは時間がないことです。時間の終わりです。他と切り離された自己が存在するという思い込みがなくなることで、時間が存在しなくなります。何事も起きていなかったことを理解してください。ただ絶対的な**存在**のみがあるのです。置き去りにされて時間が通り過ぎるのを見る人はいないし、置き去りにされて昨日起こったことを思い出す人も、明日起こるかもしれないことを期待する人もいません。誰も置き去りにされたりしません。

死とは生の始まりです。あなたが思い描いているあなたに対する執着を捨て、実際のあなたである**生**に目覚めてください。

これが**愛**です。これが**自由**です。今まであなたに当てはめていたあらゆる定義が死にます。すべての判断基準が死にます。自ら徹底的に死ぬことで今にあれば、永遠に生きる者の非の打ちどころのない絶対的な美と存在感が明らかになります。今すぐに死と出会えば、永遠の**存在**であるあなたに目覚めることができるのです。

「キスで私を永久不滅にしておくれ」

クリストファー・マーロウ

「夢が夢自身について考え、夢自身の中心に入る
そして、そこは何もないただの空間だと知る
それに面と向き合うか、顔をそむけるか……

時間の種がはじけて踊る空間で
昨日と明日が会釈を交わす」

カヴィータ『分離なきものの愛の歌』

愛とは何か

「愛には汚れがない。愛は激しい炎のごとく清い。愛とは鋭い刃だ。愛は新鮮だ。香りを放つほど新鮮だ。それは朝六時に起き、外に出て自然の中を行くのに似ている。愛は生きている。草原は歌っている。万物が歌っている」

バーニー・プライアー

愛という言葉は飽き飽きするほど使われてきました。その理由のひとつは、私たちがそれを理解していないから。そしてもうひとつの理由は、私たちはそれが何であるかを正確に知っているからです。

愛は盲目と言われます。でも私はそうは思いません。**愛**は**真実**であり、完全にすべてを見通し、完全に気づき、意識している知です。存在しているものを、ことごとく認識しています。

私が語っている**愛**とは、本当のあなたのことです。すべての出来事に気づきながらも、それらの出来事には決して影響を受けない、その「あなた」のことです。

どのようなことがあっても、**愛**はそれ自身を愛します。**愛**には名前がありません。姿もありません。形も、感触さえありません。**愛**は状態や場所、時間にも縛られません。次に何が起きるのか、なぜ物事が起きるのかを気にかけません。**愛**は常に新鮮で新しいのです。

愛は自由です。**自由**そのものです。しかし、**愛**とは消滅でもあります。それは「私」の消滅です。**愛**においては、「あなた」も「私」も存在しません。私のもの、あなたのものがありません。すべての境界線が消えてなくなります。何かを留めておくことはできません。真の**愛**は死です。すべての分離が死ぬのです。

私たちは**愛**に関してたくさんの観念を持っています。**愛**とは、のぼせ上がることだと私たちは思っています。感情的なことだと思っています。**愛**とは、自分の外側にあるものだと想定しています。移りゆくものだと思っています。**愛**とは、誰かと恋に落ちた時に感じる衝動的な感情だと思っています。

でも**愛**が何なのかを知った時、私たちはその経験だけが**愛**なのではないことも知ります。**愛**は特定の身体的な感覚や感情の中に閉じ込められるようなものではありません。

愛はもっともっと大きいのです。永久で無限なほど大きいのです。指でそれに触れることはできません。束縛することもできません。**愛**を知ることはできません。なぜならば、知るにはそれが有限なものでなければならないからです。

愛とは絶対的な**自由**です。
愛とは絶対的な**存在**です。それは限界や制限を生じさせている、すべての混乱や深刻さを超越して輝いています。
あなたの思い描いているあなた、あなたの思い描いている**愛**などの観念はすべて**愛**の中で簡単に燃えてなくなり、何の意味もなかったことが分かります。
愛を探したり、見つけたり、手に入れるためにどこかへ出かけたりする必要はありません。人に**愛**を与えてくれるよう要求する必要もないし、それを期待する必要さえありません。あなたは既に**愛**なのですから、手に入れたり、探したり、見つけたり、要求したり、期待したりすることはできません。
愛は既にここにあります。**愛**は既にすべてに注がれています。あなたは既に**愛**です。**愛**は訪れては去ってゆくような経験ではありません。**愛**とは本当のあなたであり、他のものすべてが訪れては去ってゆく中で、唯一不変なものです。
私たちが**愛**を認識している時があります。例えば、誰かと恋に落ちたり、自然に囲まれていたり、星を眺めたりする時です。そのような時は意識が開き拡大して万物と一体となり、すべての分離が消えるのです。
この開いてゆく自然な動きが**愛**の表現です。そのように拡大し開かれた状態にある時、あなたは自分が**愛**であることを知るのです。

あなたと「あなた」の外側に見えるものとは切り離されていないことを、あなたは理屈抜きに知ります。でもそのような時に、大変な恐怖を感じたり、傷つけられやすくなったように感じることもあります。特に防御壁の陰で生きるのに慣れてしまった人は、そう感じます。

そしてその後では、ほとんどの場合「普通の」収縮した状態に戻り、再び人を警戒し、生の様々な状況を恐れるのです。こうした拡大と収縮が、生という劇の中でやってきては去ってゆきます。拡大とは自分を**愛**として認識し経験することであり、収縮とは自分を分離した個人として経験することです。

この愛の状態が、訪れては去ってゆきます。誰かと恋に落ちた後で、失恋します。誰かを好きになったり嫌いになったりします。その状態は現れては消えるので、まるでスイッチで切り替えができるかのようです。

あなたは一部の人々に対して優しく好意的に接し、その他の人々に対しては違う態度を取ることができます。誰を好きになり、誰を嫌いになるかを自分で決めることができます。あなたは自分がどのような人を愛さないか、愛すべきでないかという考えを持つことができます。例えば、あなたの家族を愛すべきだとか、あなたの信じることを信じない人を愛してはいけないというように。しかし私の話している**愛**は、あなたの思考や信念には影響を受けない**愛**です。この**愛**は、何が起きようと愛します。というよりも、ほとんどの場合、起きることに関係なく愛するのです。あらゆる経験を超越するこの**愛**を認識すれば、その時あなたは本当のあなたを認識します。人と交流している時にその認識が生じます。その時、相手に好意を感じたり、良い人だと思うことを超越した深いつながりを感じます。たいていそのつながりを口には出しませんが、言葉より何倍も強力なものです。

この**愛**が認識される時、開かれたものと開かれたもの同士が出合います。ふたりは融合し、ひとつになります。境界線は消え、ただ絶対的な親密さがあるのです。

自然の中にいる時、あるいは分離した自己認識を持たない動物や赤ちゃんといる時に、私たちはそれをはっきりと認識します。相手への愛と平安を感じることは簡単なことです。でもふたりの大人同士の場合は、たいていはたくさんの境界線、単なる思い込みである境界線が存在します。ふたつの分離した自己認識は、強力な壁で自分を守りながら互いを隔てます。相手をひどく警戒します。でもたとえ一瞬であろうとその壁が崩れた時には、そこにあるのは**愛**だけです。その一瞬が単なる眼差しや微笑みであったとしても、突然ふたりの人間は消滅し、あるのはただひとつの**愛**だけになります。それは電車の中で見知らぬ人との間に起きるかもしれないし、親友との間かもしれません。相手を知っているかどうか、また好きかどうかさえ、**愛**は構わないのです。

この**生**の劇には、開放と真実へと向かう動きが本質的に存在します。自分は分離した存在ではないことをいったん認識すれば、**愛**のこの動きは永遠のものとなります。**愛**は深まり、花のようにそれ自身を開花させます。永遠に続く開花です。

真実に対する憧れを抱いたなら、開放と真実に向かうこの本質的な動きは果てしなく続きます。その動きは**愛**に向かって深まり、開き続けます。真実が嘘を見つけると、必ず嘘は大きな矛盾となるので、それ以上あり続けることは不可能になります。あなたは自分で思い描いている自分も、その他のどのような無意識のパターンも、維持することができなくなります。**愛**はあなたの家全体を壊すのです。あなたはすべてを失います。

愛は**真実**です。**愛**という側面がなければ、**真実**は命も意味も失います。**愛**がなければ**真実**は冷淡で分析的な抽象概念となり、それはもはや絶対的な**真実**ではありません。

絶対的な**真実**においては、すべてのものとの親密なつながり、つまり**愛**に向かって、あらゆる嘘や思い込み、想定が躊躇《ちゅうちょ》なく暴露されます。そうして、すべてが躊躇なく手放されます。

個人的に好むか好まざるかにかかわらず、存在するあらゆるものとの親密なつながりができます。存在する**愛**を認めることで、身構えることが自然になくなります。思考は必死に持ちこたえようとしますが、**愛**を前にすれば信念や想定の正体が見えてしまうので、壁はさらに次々と崩れ落ちていきます。これが深まるということです。あらゆるものに向かって果てしなく拡大していきます。

この自由、つまり**愛**は、常に一定のものとして経験されると思われがちです。しかし真の自由は、どのように自由を経験したとしても、その経験に左右されることはありません。真の**愛**は、誰かとの関係や、恋に落ちる経験に左右されることはありません。

ただ存在している**愛**は、あなたの知っている今の瞬間のあなたである**愛**なのです。それを否定したくなるような経験をしたり、そう思えなかったりするかもしれませんが、それが真実です。気が楽になりますね！　至福はあらゆる経験を超越しているので、あなたは永遠に微笑みをたたえながら歩き回らなくても、至福に満ちた経験をしなくても、その至福を知ることができるのです。

ですから、何かが欠けていると感じたり欠けている状態を経験したりしても、本当は何も欠けていないことが分かります。何かの問題を抱えている時、または不快な感情を抱いている時にも、本当は何も問題がないことをあなたは知っています。なぜならば、真の**あなた**にはどのような問題も存在しないことを、あなたは知っているからです。あなたが「私には何かが欠けている」と考えていたとしても、本当のあなたは決して何も欠けていません。

あなたが誰かを愛す時は、あなたである**愛**が陽気に振舞っているのです。ひとりがふたりを演じています。ひとりが自分自身と出会うのです。この**生**の劇の中で、自分自身を愛します。誰かを愛するという劇の中で「私」が「あなた」と出会い、恋に落ちるのです。

それでも恋に落ちた時は、「私」と「あなた」が実際には分離していないことを思い知るものです。**愛**においては、すべての分離が消滅します。これが本当の**あなた**である**融合**であり、**一体性**なのです。これが**愛**です。「私」、「あなた」としての現れを超えて、ただ**愛**だけが存在すると知るのです。**愛**を理解することは不可能です。なぜならば思考は、枠で限定されていないものを決して理解できないからです。思考の本質とは、あらゆるものに枠をはめて切り離し、ラベルを貼りつけることです。それが思考の本質であり、それ以外のことは何もできません。

思考はすべてを理解したい、すべてを知りたいと、終わりのない努力を重ねています。しかし、**愛**とは知らないことです。**愛**とは、何も知らない状態に陥り消えてしまうことです。何の枠も分離もありません。何という皮肉でしょう！　あなたは**愛**とは何で、どう作用するのかを理解するために多くの時間を費やすのに、その結果といえば、津波のように押し寄せる**愛**によってあなたが破壊されるのですから。

普段あなたは、**愛**を恐れているかのように振舞います。**愛**によって消滅させられるよりも、様々な言葉や概念としての**愛**をもてあそぶ方を好みます。

愛に対する恐れとは、あなたが乗り越えたいと望んでいる分離なのです。あなたは**愛**を求めますが、**愛**とは死であることを知っているので、恐れます。あなたは死ぬことによってのみ本当に生きることができるのを知っているので、**愛**を求めます。あなた方のほとんどは思考と概念で窒息しそうなのに、出口を見つけられません。

思考が思考を超越しようとするので、何年も堂々巡りが続きます。思考の言うことを信じたままでは、あなたは人生を半分しか生きられません。あなたは妥協し、人生を困難なものとして深刻に受けとめます。しかしあなたは、それらのすべてを超えた深いところで、そうではないことを知っています。

人生がひどく単純であることを、あなたは知っています。たった今、何か深刻なことはありますか。文字通り、今この瞬間のことです。あなたはこの文字を読んでいます。今の瞬間に生じているのは多分、本を手にしている、椅子に腰かけているなどの身体的感覚でしょう。このページの文字を見るということが起きています。たったそれだけです。本当にとても単純なのです。とても簡単なのです。

恐れを感じるのは、思考が脅されているからです。事実、あなたがこれまで蓄えてきた知識や信じてきたことが、すべて台無しにされてしまいそうなのです。**愛**においては思考や概念、信念はすべて笑い話だったと分かってしまいます。これまで実在すると思っていたもの、真実であると思っていたことはすべて、本当の**あなた**の中を漂う夢だったと分かってしまいます。すべての境界線は溶けて消えます。知識はすべて、無知な人に落ちぶれてしまわないためのセーフティネットだったことが分かります。大変な不安です。

あなたである**愛**を認識すれば、思考というベールの下に隠れていた実在が燦然《さんぜん》と輝きながら姿を現します。それはすべてのものが持つ輝きです。**愛**はあらゆる物事の中に美を認識します。たとえそれが醜い、苦痛に満ちた、またはいびつなものに見えていても。それらはすべて、ありふれたものが演じているこの非凡な劇の一部なのです。ありふれた音や感覚、手触りなどの、その単純さの中にある非凡さがはっきりと現れてきます。そのあるがままの姿が。

誰かと会話しても、それはエネルギーの美しいダンスに見えます。正しいとか、間違っている、醜い、不十分というラベルを貼りつけるのは、思考だけです。思考を超越したところでは、すべてはあるがままでまったく完璧《かんぺき》なのです。思考さえも、素晴らしいものであることが分かります。思考は想像力が豊かだし、批判したり、物語を創作したり、学んだり、記憶したりできるのですから。

愛とは、いきいきしたエネルギーです。**愛**は常に形を変えていて、今がどのような瞬間であっても、その瞬間として現れています。今感じている知覚、感触、感覚、これらは自分自身を愛している**愛**です。**愛**はいたるところに存在し、愛されるために常にここにあります。

愛は自分自身を愛しているので、あらゆる経験はそのままで愛されるのです。**愛**は今それ自身に気づいている気づきであり、それ自身と恋（**愛**）に落ちています。

それは存在するという単なる事実に対する**愛**なのです。**愛**には何の理由もいりません。楽しい一日を過ごしたり、良い気分でいる必要はないのです。実際には、楽しい一日でなくても、良い気分でなくても、**愛**は存在します。**愛**はこの**生**を生きることを愛しているのです。なぜならば**愛**は**生**の中で、まさに一瞬一瞬自分自身と出会っているからです。

「愛とは他者の中に自分を見出し、その認識に歓喜することにほかならない」

アレキサンダー・スミット

他者

「私は彼を深く愛している。彼と一緒ならどんな死でも耐えられる。
でも一緒にいられないのなら、たとえ生きていても生きていることにはならない」
ウィリアム・シェイクスピア『ロミオとジュリエット』

あなたは誰とかかわっていますか。あなたが友達や愛する人と会話する時、または街で出会った人と会話する時、あなたは誰と話しているのでしょう。あなたの目の前に現れた体の中にいるのは誰だと思っていますか。

相手の声や言葉は、あなたとは切り離された別の体の中にいる別の実体から発せられると想定しながら、あなたは話を聞いています。目の前にいるその実体には思考があり（多分、あなたについての！）、あなたの体の中にいる別の実体とやりとりしていると想定します。ふたつの体は空間で隔てられているので、相手と自分とは切り離されていると想定します。相手に触れれば、自分の感覚は感じますが、相手の感覚は感じません。

こうしたすべてが、分離したいくつもの実体が動き回るように見える劇を、ますます現実らしくさせています。実際にこの劇はとても面白いので、私たちはいつも、それが本当は単なる劇であることを忘れています。これは、「私」が「あなた」と分離しているように見せかけている劇なのです。私はこの体に閉じ込められていて、あなたはその体に閉じ込められているというように。しかし私たちは時おり、多分親しく楽しい時間を過ごしている時に、この分離の劇を超越した一瞥を得て、実際には私たちは少しも分離していないと知ることがあります。

本当の「あなた」が体という枠の中に閉じ込められていないのと同様に、他の体に閉じ込められた他の人が実際に存在するわけではありません。あなたの体の中に誰もいないように、他の人の体の中にも誰もいないのです。やりとりしているふたつの体が現れているだけです。そのふたつの体は、本当のあなたの中に現れています。自分の目から「他者」を見ているように思えるでしょうが、実際にはその相手があなたの中に現れているのとまったく同じように、見るという状況があなたの中に現れているのです。そのあなたとは、体でも、あなたの思っているあなたでもない、永遠の**愛**である**あなた**、**生**そのものであるあなたです。

実際は、「私」が存在しないのと同様、他者も存在しません。あなたは完全に孤独なのです。これは寂しい孤独ではありません(なぜなら、寂しさには「あなた」を思う「私」が必要になりますから)。それは、あらゆることがあなたの内側で起きているという意味の孤独です。

あなたは**一体性**です。現れているすべての分離を超越した全体です。

他者がいなければ私もいなくなります。

森を散歩しながら、木々や空の美しさに見入っている時には、木々とかかわっている私という感覚は薄れているでしょう。ただ木々が存在します。ただ散歩している行為があります。ただ喜びと美の感覚があります。でもその森の中で誰かとすれ違ったら、または誰かとの思い出が頭をよぎっただけでも、たちまち向こう側にいるあなた、こちら側にいる私が現れます。恥ずかしい、良く思われたい、後ろめたい、自分を守ろう、相手にどう思われているかなどの考え、または単に「私」と相手との関係についてのとりとめのない思いが浮かびます。

相手を見る時は、自分自身も見つめています。私はどのような人間だろうか。相手が自信たっぷりであれば、私にはそのような自信があるだろうか。相手が親切ならば、私は親切だろうか。あなたは相手の目の中に自分自身を見ますが、そこに見えるのは幻想の自分だといつも誤解してしまいます。

私というものが存在するためには、他者がどうしても必要になります。だからこそ、他者はあなたにとって大変重要なのです。あなたは他者から承認され、理解され、同情され、注目され、愛されたいと思っています。なぜならば、そうすることであなたの思い描くあなたが一層確かなものになるからです。他者の表情を見て、自分が良い人間か悪い人間かを知ります。分離した他者がいることを想定しないと、あなたは自分が何者なのかが分かりません。

そのためたいていの場合、人との交流こそもっとも面倒でやっかいなことでしょう。あなたはその時にいつも、もっとも強く分離を感じます。

ありとあらゆる感情、思考パターン、苦しみや興奮が生じます。自分を守ろう、攻撃を防ごうとする思考のメカニズム、そして権力の奪い合いが起こります。その結果、とても不愉快で寂しい気分を味わうことにもなるのです。

それでも、とても楽しい思いをすることも少なくありません。でもその楽しい時間は必ず過ぎ去り、後には失った悲しみが残ります。

人との交流を避けてひとりで生きる方がずっと楽だと感じることも多いでしょう。スピリチュアリティを探求する人の中には、そのような思いからリトリートに通ったり、洞窟や修道院で暮らしたりする人もいます。また、ほとんどの場合、動物は人間のように強烈な感情を起こさせないので、動物と過ごすのを好む人もたくさんいます。

そうすれば、人との交流によって必ず生じる苦しみや分離の感覚を避けることができるように思えます。

もし実際に分離が存在すると信じるならば、距離感や疎外感に苦しむことになるでしょう。この世界はとても危険で恐ろしく見えるので、常に自分を守る必要が出てきます。こちら側に私という重要人物がいるならば、向こう側にも大変重要な他者がいるという想定を、いつも持ち続けることになります。

ひっきりなしに自分を守ろうとするので、あなたは他の人と純粋につながることができません。あなたは自分に気を取られ過ぎています。あなたは人とつながろうと努力しますが、不安でいっぱいだし、何をしてもうまくいかないと思い込んでいるので、必ず失敗することになります。でも自分というものが存在しないことをはっきり見れば、他者も存在しないことが分かります。

言い換えるなら、他者として見えている人とつながるために越えなくてはならない境界線など存在しないのです。**生**は固定された固体ではなく、流れる液体です。互いにつながっている、透明で絶え間ない変化、変容、流転です。毎瞬毎瞬が新しく新鮮です。何もよどんだり分離したりしません。このような**愛**を知ることにより、**愛**においてつながるという劇が始まります。

人間関係（恋人や友達、家族、または見知らぬ人さえ）の中で、エネルギーが動いて劇になります。それはまるでダンスのようです。激しい感情や苦痛のダンスとなることもあります。スイッチが入り、感情が引き起こされます。ある考え方が生まれたり、守られたりします。

反応、投影……波乱万丈の物語！　でも、いったいこれは何なのでしょう。

分離が現実に存在すると思い込んだ時、本当の**あなた**である無邪気さと開放性を守らなければ、閉ざしておかなければと努力する劇が始まります。本当は感じているし分かっている自分の傷つきやすい繊細さを知られまいと努める劇です。そうしてゲームは続けられます。非難、罪悪感、欺き、操り、その他の様々なことが繰り広げられます。これらのゲーム、守り閉ざす努力は収縮感として表れ、その結果苦しみが生じるのです。

たとえその時はそうするしかないと思っても、何かがひどく間違っているように感じます。でも時がたつにつれ、私たちは閉ざすことにあまりにも慣れてしまい、その苦痛や何か間違っているという感覚にもほとんど慣れ切ってしまったようです。私たちは「あなたが悪い」と言って相手の方向を指差します。これは善か悪かという二元性の劇です。あなたが悪い、私は悪くない。「私」は常に正しく、私以外の人を非難することで強くなったように感じます。私の必要性、要求、期待を満たすために人を支配し操ります。

相手のイメージに合わせようとして、自分自身を偽ってしまったりもします。ところがそのような状態のただ中にあっても、時たま**生**との親密な瞬間を経験することがあります（それは恋人や美しい夕焼けとして現れるかもしれません）。警戒が解かれ、すべての苦痛が消え去ります。存在するすべてはこれ、この瞬間だけになります。以前よりも遥かに良い気分になり、緊張は和らぎ、自分が広がった感じがします。

その後で何かが変わり、その感覚は消えてしまいます。あの親密さ、一瞥は、今ある思考や収縮感、防御の感覚とは正反対のものでした。そして防御という考え方が何となく偽りに思えてきて、親密さにあこがれ続けることになるのです。

でも、そういうことが続いても、**あなた**は既にあなたのあこがれる親密さであり、**愛**なのです。この自己を攻撃から防ごうとする劇が上演され、どれだけその劇が続いても、あるがままの**あなた**が絶対的な**愛**であることに変わりはありません。たとえあなたがどれだけ強がっても、本当の**あなた**はどうしようもなく繊細で傷つきやすいままです。あなたがどれだけ閉ざされ収縮していると感じても、本当の**あなた**はあらゆるものに開きながら広がり続けています。何をしても決してその広がりを止めることはできません。あるがままの**あなた**は守られる必要はないのですが、その防御パターンを壊そうとしても、あなたには何もできません。なぜならば、「あなた」と「私」という観念こそがその防御パターンなのですから。あなたには分離をなくすことはできません。なぜならば、自分にはそれができると考えているあなたこそ、分離そのものなのですから。

これを認識すれば、守るべき人も、攻撃してくる人も存在していないことが明らかになります。でも、たとえ防御の劇が永遠に続いたとしても、本当の**あなた**は依然として絶対的な**愛**なのです。

恐れの声は、いつもあなたを**愛**から引き離そうとします。恐れとは、他者という概念を支えるための基本的なメカニズムです。あなたはコントロールする力を失って、他者に吸い込まれてしまうのを恐れています。あなたは他者の目の中にいる、真の**あなた**を直視するのが怖いのです。

他者というものが存在しないことを本当に認識すれば、あなたは自分自身を完全に失います。こちら側に基準点がなければ、向こう側にも基準点は存在しません。こちら側に自己という者がいなければ、向こう側にも自己という者はいません。完全な孤独、孤独を超えた孤独――誰もいないのです。

恐れに満ちた思考から見ると、それを認めるのは寂しく恐ろしいことのように感じます。でも本当の**あなた**の認識から見れば、それは**自由**なのです。仏陀は「どこにも住まない者は、平安の中に住む」と言いました。何にもすがりつくことはできません。すべてを失ってください。

自己と他者という概念を持たなくても生きられることに気づけば、愛する**自由**を得ます。すると世界の見え方に大転換が起こり、あなたの人生がすっかり変わってしまうことにもなるのです。

愛は私の内側やあなたの内側に存在するものではありません。**愛**とは、まさに私とあなたの実質なのです。分けたり、与えたりできるものではありません。**愛**は分離がどのように現れようと、分離した体がどのように見えようと、決して揺るぎません。**愛**は分離を認識しません。それ自身をふたつに分けたりしません。**愛**は他者を他者として見ません。見えるものはすべてそれ自身です。

何が起きようと、個人的な出来事というものはありません。それが何の境界線も恐れもない、真の**愛**なのです。「私」がこの汚れのない**愛**を想像してみても、その親密さゆえに耐えられないものに思えます。

私にとって、分離させる明確な境界線がなく、何も獲得できないというのは、つまらないし腹が立つし、恐ろしいのです。
他者の存在しない**愛**においては、隠れる場所も、支配する相手も、獲得するものも存在しません。

「夢が生まれるひとりぽっちの寝床で
夜明け前
ひとつの愛が寝返りを打って
ふたつになる
それ自身を抱きしめるために――
そして、そのひとつしかない
ハートを割った」

カヴィータ『分離なきものの愛の歌』

親密さ

「時間の流れは、待つ者にとっては遅過ぎ、恐れる者にとっては速過ぎる。
悲しむ者にとっては長過ぎ、楽しむ者にとっては短過ぎる。
しかし愛する者にとって、時間は永遠だ」

ヘンリー・ヴァン・ダイク

ほんの少し目が合っただけなのに、ほんの少し体に触れただけなのに、全世界が砕けてひとつに溶け、あなたはその人の中に吸い込まれてしまいます。今までも決して離れたことなどなかったのです。すべての現れを超越した一体性。境界線はどれも無意味なもの。概念はどれも滑稽なもの。私もあなたもいません。内側も外側もありません。意味のあることは何もありませんが、それこそが意味のあることなのです。

電車の中で見知らぬ人と少しだけ目が合った時、あるいは友達と傷つきやすさをさらけ出してあけっぴろげな会話をしている時などに、相手の目を見てあなたは感じることがあるかもしれません

――「あなたの中に私が見える。あなたが自分自身をどう思っているのか、どういう人のように見せようとしているのか、私は知らないけれど」

これは相手を知るということではなく、また必ずしも相手と物理的に近づくということでもありません。もっととらえにくいものでありながら、遥かに大きなパワーを秘めています。親密さとはまさに、**生**の本質なのです。

禅の師である道元はこう述べています。「悟りとは、すべての命と親密になることである」

あなたは飼っている猫や一枚の葉っぱ、あるいはこのページの言葉にさえ親密さを感じることができます。親密さとは、疲労困憊《こんぱい》させる世間からあなたを守るための境界線やラベルなどを取り外し、「裸で」いることです。**愛**は単に自分自身を見ているのです。

最近のことですが、私は駅で電車を待ちながら、小さなティーショップに寄りました。その店では年配の男性店員が新聞を読んでいました。「こんにちは」と声をかけると、その人は顔を上げ、本当にこぼれるような笑顔を見せてくれました。私はたちまち彼に恋をしてしまいました。ふたりの目が合った時、他のことはすべて消え失せてしまいました。お茶を注文すると、彼はとても心を込めて丁寧に入れてくれました。そしてその後で、「良い一日を」と挨拶を交わしました。電車に乗る時も、私は微笑んでいました。

このような日常的、それでいてきわめて非日常的な**愛**の表現は、ここかしこで見られます。**愛**はどうしても溢れ出てきてしまうのです。

親密さを経験する時、あなたは安全ではありません。不安を和らげてくれるものはありません。身体的には不快でさえあるかもしれません。でも親密さを強く感じる時は、私たちが**愛**をもっとも強く感じることのできる時でもあるのです。

実際にその時には、すべての経験を超越したあるがままの**あなた**である**一体性**を垣間見ています。その状態は、**愛**、**悟り**、あるいは**死**とも呼ぶことができるかもしれません。そしてそれは、私たちにとっては恐ろしいことです。親密さは本質的に死を意味します。但し、それはあなたが自分だと思っているあなたの死です。あなたは完全に自分を失うのが怖いので、親密さを恐れます。**愛**の炎に跡形もなく燃やされてしまうのを恐れているのです。他者と融合すれば、つまりとことん恋に落ちてしまったら、他者と分離している状態は崩壊し、あなたは消滅するからです。

人との交流が、あなたが自分だと思っているあなたと、その人が自分だと思っているあなたとの交流になっている場合があるのに気づいたことはありませんか。一方で、もっと親密であけっぴろげな交流もあるのです。もっと軽く、自由で気楽な交流です。

あなたはその違いを知っていますが、言葉で定義するのは困難です。親密な時間には、それに向かう一定の流れがあります。愛する人との間でその流れが起きたら、あなたたちはまるでダンスをするように、そのために生まれてきたと思えるほどに流れに乗ります。理解できないものの、ふたりは確かに何かでつながっていると感じるでしょう。

それはどのような決まりや制約にも縛られません。それが起きたなら、物事はどうあるべきか、常識はどうかなどと考えてそれに抵抗するのは愚か者のすることでしょう。分離した自己という観念はただ脇に押しやられ、自己がコントロールしているかのような振舞いはやみ、生が自由に遊びます。ふたりの人間は存在しなくなり、ただ踊っている生だけがあります。

その素晴らしさを感じてもなお、私たちの奥底には恐れがあります。もし警戒を解いて親密になり、お互いが自分を開いたら――もしふたりが近づいて傷つきやすくなったら――傷ついてしまうと恐れるのです。でも傷つくというのは、この生きるという経験の一部でもあります。

喜びの裏には苦痛があります。片方だけ受取ってもう一方を拒否することはできません。あなたがどれだけ努力しても、それは避けられないことです。あなたは言葉や概念の陰に隠れることもできるし、痛みや苦しみを避けるために性的な経験を避けることもできます。ひどく傷つくことを避けるためにできるだけ多くセックスをすることもできるし、誰とも決して親しくならないようにして自分を守ることもできます。

苦痛を和らげるために薬を飲むこともできます。苦悩を乗り越えるために精神的修行に励むこともできます。欲望や感覚を抑圧するために、仕事や役割に没頭することもできます。それでも本当は、あなたは**愛**、**生**、**死**が自分を壊してくれることを望んでいるのです。**生**の親密さから逃げようとすることはできても、実際に逃れることは決してできません。

親密さとは、分離を超越した生です。分離とは、「私」と「あなた」が存在するという思い込みです。この思い込みがあると、お互いの間には距離や壁が必ず現れます。この思い込みこそ、ただひとつの壁なのです。

この分離の思い込みがなくなれば、あるのは親密さのみです。**生**とは親密さです。あなたはひり痛む開いた傷口です。あらゆる出来事に対して開かれています。防具もなく、守られていません。守られるべき人が存在しないのです。このような状況は、あなたが思っているあなたにとっては脅威です。

あなたが思い描いているあなたは、あなたにとって安全なものです。どのような人間なのか分かっています。そのイメージは固定しているし、定義することもできます。あなたは女性、または男性です。親切です。恥ずかしがりやです。優しい人です。アイスクリームが好きです。あなたが持っているあなたに関する観念は、防壁や枠を築きます。

親密さとは、すべてを失うこと、分離をもたらすあらゆる定義や防壁を失うことです。その後に残るのは、今の瞬間に生じている**生**のダンスだけです。

親密さは、時に大変強烈で、すべてが暴露されてしまうので、初めは恐れをなして逃げたくなることも少なくありません。たとえ一瞬でも、あなたがあなたの思っていたあなたではないのに気づくのは、とても怖い経験かもしれません。見せかけだけなのが、全部分かってしまいます。防壁がことごとく崩れ、傷つきやすさと無邪気さだけが残るのです。

どれだけ大人のふりをしていても、あなたは無邪気な子供です。どれだけ冷たく無情に振舞っても、あなたは純粋な**愛**です。あなたがどれだけ多くのことを知っていると思っていても、どれだけ多くのことをコントロールしていると思っていても、あなたは知らないのです。あなたは何も分からず、何も所有しておらず……あなたは完全に何でもないのです。

私たちはしばしば親密さにどうしようもなく惹かれるものの、同時にそれを恐れてそれから逃げようとします。私たちは親密さを望みながらも、それによって自分が破壊されることを知っているので、その近くをうろうろします。私たちはかくれんぼをしながら本当は見つかることを望み、しかも実際は丸見えになっているのです……ちょうど子供が自分の顔を手で隠して、だれにも見つからないと思っているように。

なぜあなたは隠れるのでしょう。誰を隠そうとしているのでしょう。あなたが思い描いている立派なあなたが、本当は笑ってしまうようなものだと暴露されるのが怖いのですか。あなたは人生を安全に保ち、コントロールしているふりをしています。でもあなたは万事うまく取計ろうとして、いつも無理をしているのです。何事もあなたを動揺させてはならないし、自分という心地良い観念を破綻《はたん》させてはならないのです。

でも、飾り立てた自分を維持し続けるのは、骨が折れませんか。ひと休みして、やれやれとリラックスし、その重たい荷物を降ろしたくありませんか。

二極性

「愛は『私はすべてである』と言い、知恵は『私は無である』と言う。
そのふたつの間を、私の人生は流れる」

ニサルガダッタ

あなたはどうか知りませんが、私は今まで女であるとはどういうことかを、本当に理解したことはありません。自分が一般的に女と呼ばれる体を持っていることに、確かに感謝はしています。でもそれよりも、女であることが何を意味するのかを知らないのです。これまで私は、とても強くて、何を言い、何をすれば良いかをわきまえているように見える、手本にしたくなるような女性たちをたくさん見てきました。本や映画の中にも様々な女性像を見てきました。それでも私は、女とは本来どのようなものなのかを本当にまったく分かりません。人は私のことを女だと言いますが、私はそれが何を意味するのかも全然知らないのです！

私はこれまでずっと、女らしさとは何かを探していました。ある時にはこういうことではないかと思えても、しばらくするとそれではまだ不十分なことがはっきりしてくるのです。他の女性を観察して、その人が持っている自己イメージを真似てみたり、その人が女はどうあるべきと考えているのかを知ろうとしたりしました。でも結局分かったのは、様々に異なるイメージがあって、多くの女性たちはどうあるべきかに迷っているらしいということでした。

男性たちを観察して、男は女に何を求めるのかを探り、そうなろうと努力したこともありました。でも、もちろん彼らとて、女とはこうあるべきという一貫した考えは持っていないようでした。誰もどうあるべきかは知らないようでした。

私たちは皆、お互いに人の意見を参考にしているだけのようです。誰も何が正しくて何が間違っているのかを知りません。私は自分の自己イメージがどのようなものかも考えてみました。でも、見ようとしても自己というものが見つからなかったのです!

私がどれだけ探しても、実際には一貫した自分のイメージが見つかりません。女としての私の表現は常に変わり続けていて、今の瞬間にまったく新しく現れているのです。

男と女とは不思議な生きものです。簡単な定義の枠には納まりません。思考はある傾向や共通事項を見出した上で、男とは皆こういうものだとか、女とは皆ああいうものだとかの結論を出すことができます。それが事実に思えることもあるでしょうが、本当は男も女もいないのです。傾向や共通事項もありません。特定の理論や比較にたまたま当てはまった時にそう見えたに過ぎません。

本当のところは、私たちは何が一番優れたあり方なのか、正しいあり方なのかを知らないのです。私たちは何も分からず、じたばたしながら生きていて、思考はそれを助けるためにすべてにラベルを貼り、定義し、説明して、それは安全だし自分の知っているものだと思わせてくれているのです。

本当の私には性別も特徴もありません。形もありません。私とは、あらゆる分離した観念を超越した絶対的な**一体**なのです。その一方で、矛盾するようですが、分離した形態が現れています。この矛盾はあらゆる神秘の根源です。これは**愛**の神秘です。この矛盾するふたつの側面の出会いこそ真の恋（**愛**）なのです。

形あるものと**形なきもの**が今の瞬間に出会い、**一体**になり同じものになります。**形あるもの**は、存在するのはただ**形あるもの**として現れている**形なきもの**なのだと理解します。分離していない者が分離している者を演じているのです。全体が部分として演じているのです。

躍動と**虚無**、**愛**と**自由**、**個人性**と**非個人性**。

これを男性のエネルギーと女性のエネルギーのダンスと呼ぶこともできるでしょうが、この表現は紛らわしいかもしれません。これはあなたの性別、または性欲などには関係ないのです。真の出会いは、性別や性欲がどうであるかなどを超えたところにあります。それは愛する相手さえ必要としません（人を愛するという表現は、この矛盾の反映なのですが）。**形あるもの**と**形なきもの**は、特定の体やエネルギーの枠に閉じ込められてはいません。**形なきもの**は個としての形態を演じますが、この劇の中で、個は自らの**形なきもの**としての本質を認識することができます。この時間を超越した認識の瞬間においては、**形あるもの**はもはや存在せず、あるのは**形なきもの**だけです。それでも**形あるもの**の演技は続きます。分離などは決して存在しないことを知りながら、個として現れ続け、分離しているふりをするのです。

このふたつの側面は実際はもともとバランスが取れており、しかも分離していないということについては、これまでずっと、そして現代の社会でも、多くの誤解があります。スピリチュアリティの教えや伝統の多くには、人は**形あるもの**を超越しなければならない、つまり分離を超えてより高い次元に到達しなければならないと信じる傾向があります。でもこの世界で生きるのは、一体である者として統合と分離を演じることなのです。**形あるもの**を超越する方法もその必要もありません。ただ**形あるもの**はもともと**形なきもの**だということを理解すれば良いのです。

タオイズムの陰陽を表わすシンボルは、真の姿を大変上手に表現しています。黒い部分の中にある白点と白い部分の中にある黒点は、**形あるもの**の中に**形なきもの**の核があり、**形なきもの**の中に**形あるもの**の核があることを示しています。でもこの**形あるもの**と**形なきもの**の神秘的な統合はしばしば忘れられてしまい、このふたつの面は本当に分離していて、男や女という枠に縛られたものと認識されてしまうようです。絶対的な統合はほとんどの場合、見落とされています。あらゆるものにはその対極が存在します。男と女、**形あるもの**と**形なきもの**、**生**と**死**。それらは一体なのです。

この**一体**であるものが持つ矛盾するふたつの側面は、個人としての自分を定義し表現する際に誤解されることがよくあります。混沌とした個人的な感情（通常、女性的とされる）というものがあり、一方では超然とした非個人的な冷静さ（通常、男性的とされる）というものがあります。混沌とした個人的な感情は、非個人性を冷たくて愛がないと恐れる一方、非個人的な冷静さは、個人的な感情をあまりにも激しくて繊細なものとして恐れるのです。

しかし、非個人性の明晰さがなくては、私たちは自分に囚われ過ぎてしまい、物事を明確に見ることはできません。また感情の激しさと繊細さがなくては、愛することも生きている実感を持つことも不可能なのです。

一方の側面は他方の側面に抑えがたい魅力を感じながらも、抵抗し恐れます。一方は他方の中に入って消えてしまう危険が実際にあることを知っているのです。そこで、ふたつの面のバランスを取りたいという望みが生まれます。そうしなければ、不完全さを感じるのです。火と氷、陰と陽。激しい混沌とした個人的な感情の側面は明晰さと集中力を望み、一方で冷たい非個人的な隔絶した側面は殻を脱ぎ捨て感じるままに感じ表現したいと望みます。でも、自分の言動や考えを変える努力をすれば実際にバランスが取れるわけではありません。そうしたとしても、永遠に苦しい闘いが続くだけです。

あなたは個人性や非個人性という観念を超越した**一体性**であると認識することによってのみ、**形あるもの**とは**形なきもの**であることを知り、**形あるもの**の中に**形なきもの**を知るのです。これが本来のバランスです。

形なきもの、それは**自由**とも呼べますが、純粋な**在ること**です。それはあらゆるものを包み込み、広大で、区別したり個別化したりしません。静止し、沈黙しています。枠に納まらず無限です。文字通り、空っぽの無です。何もありません。それは非個人的な**一体性**です。それは死なのです。

でもその側面の本質を本当に理解しなければ、あなたはそれをただ恐れ、同時に望むという矛盾を抱えることになります。それを否定したり、利用したり、自分のものにしようとしたりするでしょう。それが**あなた**に既に備わっている本質であり、逃れようにも逃れられないものであることを一片の疑いもなく認識しない限り、あなたは常にそれを強く求めるか、あるいはそれに背を向けようとします。本当の**あなた**は、絶対的な**形なき自由**なのです。

形あるもの、それは**愛**とも呼べますが、**生**が現れ出て演じているものです。それは絶対的な官能であり、動きです。そのままで満ちている豊かな生です。**在ること**です。

何であれ、**形あるもの**には**生**が溢れています。枠がはめられ、分離した個人や物体があるかのような劇が演じられているのです。現出、経験、感覚、感情、思考……が果てしなく続きます。何が起きようと、どれほど些細なことでも、それは**愛**で溢れた**生**です。でもこの側面を本当に理解しなければ、あなたはこうした形あるものを退屈で命を持たないものだと思ったまま生きるでしょう。何が起きても、そこにある**愛**を感じることはないでしょう。あなたの本質は絶対的な**愛**なのです。

それがふたつの側面として表現されるのは、言葉が本質的に他から切り離して枠を設けるものであるためです。このふたつの側面は実際にはふたつではないので、それらを実際に分離することは不可能です。**形なきもの**は**形あるもの**であり、**形あるもの**は**形なきもの**です。枠のない空っぽの**自由**は、今の瞬間に起きていることの豊かさや愛として、それ自身を表現するのです。静寂は動きの中にあります。動きとは、動いている静寂です。**自由**と**愛**はひとつであり、同じものです。それを認識すれば、言葉による説明をすべて超越した理解を得ます。**陰**と**陽**、男と女、**生**と**死**などの概念をすべて超越した理解を得ます。

私は在るという言葉を眺めていると、おもしろいことに気づきます。この言葉はふたつの側面がすき間なく溶け合っています。「私」は分離と区別であり、焦点を与え、方向性を与え、個別化します。他者ではない「私」です。一方「在る」ですが、これは広大ですべてを包み込んでいます。境界や区別のない無限の**在ること**である、**一体**の広大さを反映しています。「私は在る」においては、これらは共に**一体**なのです。

自分の真の本質を認識する、つまりそれに目覚めることで、**形あるもの**はそれ自身を**形なきもの**として認識し、両者はお互いの中にはまり込みます。その時、もはや分離はありません。**形あるも**

のは、**形なきもの**として認識されます。その時、もう後戻りはできません。これが本当の親密さ、真の**愛**です。これは**愛**がそれ自身を愛することであり、**生**がそれ自身を生きることです。夢の中で目覚め、それが夢であることに気づくことです。**生**本来の素晴らしい官能を存分に味わい、**生**を十分に体験するのです。

これが男と女、生と死などのあらゆる二極性を超越することです。実際はそれらを超越するのではなく、その中に飛び込むということです。

「私は、私の愛する者だ。私が愛する者は、私だ」

ソロモンの歌

恋に落ちる

「誤った行いと正しい行いを超えたところに草原があります。そこで会いましょう。魂が草の上に寝ころんでくつろぐ時、この世界は言葉にできないほど満ち足りています。思考や言語は何も意味していません。『互いに』という言葉でさえも……」

ルーミー

極上のハリウッド映画のような恋の物語が演じられます。私たちは男優、女優として名演技をします。舞台の上で繰り広げられる波乱に満ちた劇。そう、これは劇なのです。まるですべてが現実であるかのような劇。あなたと私が本当にいるかのような劇。映画館で見る映画のように、恋に落ちる劇。失恋し、悲しみ、寂しさを感じる劇。**愛**は愛し合うふたりを演じ、自分でそれを鑑賞します。まるで本当にふたりの個人が出会ってひとつになれるかのような出会いを演じます。

あなたはもう気づきましたか。いかに相手と親しくなっても、実際にはこれで良いと思えるほど親しくはなれないことを。溶け合ってひとつになることは不可能です。これは分離の劇です。そういうことになっているのです。分離したふたりの個人は、決してひとつにはなれません。

でもこの分離のマトリックスには、いくらかの欠陥があります。その欠陥とは、実際はそれが映画であることが見抜かれ、分離のない経験が起こる瞬間が生じることです。ふたりの個人は**愛**の中でひとつになります。**愛**の中ではふたりの人間は存在せず、ただ**愛**があります。この欠陥は、普段あなたが思い描いているあなたを超越した本当の**あなた**が直接示される瞬間なのです。

「私はいつも待っている。素晴らしい人が私の人生に現れて、私を夢中にさせてくれることを。私の理想の人。私を完全に理解してくれて、私をあらゆる面でほめてくれる人。その人は私を満たし、すべての苦しみを取り除いてくれるだろう」

これが恋に落ちることのようで、それによりすべての苦しみはなくなるとされています。人との関係で満たされようとするのは、精神修業で悟りを得ようとしたり、心理療法で安らぎを得ようとしたりするのにとても似ています。これらはすべて、欠如があるという思い込み、私の人生には何かが欠けているという信念に基づいています。「もし私を本当に心の底から理解してくれる理想の人が見つかったなら、どのような問題もなくなるだろう」

ご存知のように、この思考パターンは映画、恋愛小説、音楽、詩など、いたるところで繰り広げられています。私たちは素敵な王子様、美しいお姫様との出会いを夢見ています。理想的な関係、そして永遠に続くハッピーエンドを夢見ています。

でも、理想の人との恋という御伽話の向こうにある、あなたの本当の望みは何でしょう。完璧さ、一体性、完全である感覚――**愛**。あなたはただ惜しみなく愛したいと望んでいるのです。体や感情の感覚に依存しない愛で結ばれた人に、すべてをゆだねたいのです。

あなたは誰かと深くかかわり、切り開かれ、血を流したいと望んでいます。生きていることを最大の強烈さでありありと実感したいのです。あなたは本物の出会いを望み、本当のあなたを見て欲しい、あるがままのあなたとして愛し愛されたいと望んでいます。誰かひとりには傷つきやすさを隠さずにいたいと望み、そのためには安全で愛されていたいと望みます。でも、自分以外の誰かがその望みを叶えてくれるに違いないと思い込んでいれば、それは幻想なので必然的に依存や執着、苦しみが生じます。

誰もあなたに完全性を感じさせることはできません。なぜなら、あなたは既にそのままで完全なのです。あなたが自分のことを完全な**愛**ではなく、その断片に過ぎないと思ったとたん、無限の**愛**に対する憧れを抱き始めます。それが本当のあなただというのに。

あなたを完全にしてくれる人に出会うことを夢見たり妄想する時、または愛する人にあなたは完全だと感じさせてもらおうと期待する時、その思いとは裏腹に、あなたは自分がまだ完全ではないという信念を強化しているのです。

愛はあなたの外にいる人とは関係がなく、自分である**愛**を知ることです。そしてそれがふたりの愛に反映するのです。別の言葉で言えば、私は私である**愛**と出会うのです。**愛**は顔があるものとして現れますが、本当は顔がなく、私が知る愛の素晴らしさとは、**愛**の顔のなさです。

それが永遠の**愛**です。実は、経験とその経験を超えたものとの間に違いはありません。内側にあるものと外側にあるものは分離していません。**愛**はそれ自身を愛するのです。

ですから自分が完璧、完全であると感じるのに、誰かと恋愛をする必要はありません。愛するために誰かと恋愛をする必要もありません。**愛**とは本当の**あなた**なのです。

これを認識した上で愛する人と向き合う時、**生**と親密な素晴らしい劇が繰り広げられます。その関係には、あなたを満足させなければならないという重圧がありません。誰からも逃げ隠れしなくて良いと分かった時、他者に対して繊細で親密になってはいけないという理由がなくなります。**あなた**が**愛**であると認識すれば、人を惜しみなく愛してはいけないという理由がなくなります。

愛はいったん分離してから再び出会うという劇を演じます。**愛**でつながるというのは、相手をあなたが思い描いている相手として見るのではなく、また相手自身が思い描いている相手として見るのでもなく、現れを超えた本当の**あなた**である**愛**として認識することです。分離を超えてつながるのです。

愛はそれ自身を眺め、その中に浸っているのが好きです。ひとつの出会いには、いつも思考を超えた独特の香りがあります。**愛**が相手の中に**愛**自身を見つけた時、そこにあるすべてはエネルギーの遊びです。**愛**が**生**のエネルギーとして踊っているのです。相手を**愛**ではない何か別のものとは思いません。相手を愛することで、あなたである**愛**が燦然と輝きながら姿を現すのです。

言葉や姿かたちを超えたところでは、実際には決して何も分離していないのは明らかです。これを見抜けば、つまり分離とは本当は**愛**の劇であることを見抜けば、すべての出会いは陽気なものになります。

それは恐れのない関係です。**愛**は恐れさえも愛しています。あなたの中の何かが**愛**を認識します。それはマインドや理解力の働きではなく、本当の**あなた**を直接認識することです。あらゆる姿かたちを超えて、本当の**あなた**と直接対話することであり、本当の**あなた**を直接思い出すことなのです。

「愛がなければ、人生はどうなるだろう?
何と平穏で何と静かで、そして何と退屈なことだろう!」

いつか聞いた歌詞

愛のつながり

「退きなさい。**愛**の中に『あなた』の居場所はありません。
手放し、愛する人の中に落ちなさい」

作者不詳

浅はかで愚かで軽くなったような感覚。自分をコントロールできません。愛する人以外はすべて失って、空中を漂っているような、ふわふわした最高に幸せな気分です。大勢の人が部屋にいても、実際には愛する人しかいないように感じます。その人が私を満たしてくれます。もうその人以外には何もありません。

ふたりを結びつける力、それは強力。あまりにも圧倒的で、それから逃れる場所はどこにもありません。抗えない親密さ。経験したことのない、いきいきとした感覚。

どれだけ離れていようと、どういう障害があろうと、乗り越えてゆきたいと望み願います。すべての氷を溶かしてしまいたいと望みます。何もかもが忘却の向こうへ消え去ってしまいます。体中を激しくめぐるアドレナリンに押し流されます。自分で自分をどうすることもできません。そこに落ちてゆきます。抜け出ることはできません。圧倒する**愛**がすべてを飲み込んでしまいます。何て素晴らしいのでしょう！　私は恋に恋しています！

私たちが恋に恋するのは、自分が知っているものを確かめたいと望むからです。相手の目を通して、あなたは自分自身を知ります。相手の目を見つめることで出会い、真の自分を知って欲しいと望んでいるのです。

これが私の言う、「壊される」という意味です。この真の出会いが起こる時、あなたの関心は強制的に今の瞬間に向けられます。その時には強い衝撃がありますが、それは恐ろしくもあり、わくわくするものでもあります。あなたはかつて大切だったものをすべて失います。これよりも重要なものはなくなりました。あなたの望むものはこれだけです。これとは死であり、それでいてこの上ない生きているという実感なのです。

体は強烈な感覚に飲み込まれ、マインドは完全に沈黙します。相手の中に本当のあなたを見た時、あなたはその中でただ安らぎます。

でも多分その少し後にはマインドがあわてて働き始め、何が起きたのかを理解しようとします。マインドは説明します。「この人こそ運命の人だ」。「私たちは結婚してずっと一緒にいることを誓い合うべきだ」。あるいは思考は、ふたりの間の分離が死んだことに恐怖を感じ、逃げ出したくなるかもしれません。

でも、それはただのゲームに過ぎません。私たちは分離しているふりをしているだけです。まるで本当に分離しているかのように、再び一体になりたいと望むゲームをしているのです。何と滑稽な、しかも面白いゲームでしょう！　ふたりとも、それが全部見せかけだと知っているのです。本当の自分を隠して、とても上手にそれぞれの役割を演じています。自分が**愛**であることを忘れてしまったかのように、上手に演じています。

あなたは見知らぬ人ばかりの世界で孤独に生きています。誰も心からあなたを愛してはくれないと感じています。そして理想の人が現れ、分離の苦しみを取り除いてくれることを望んでいます。でもあなたは、どれだけ強い恐れや分離を感じていようと、どれだけ強く警戒していようと、ともかくすべてをゆだねるには他者が重要な鍵であることを知っています。他者と共にいるのは、大変な苦しみをもたらします。幻想である分離した自己を一生懸命に守り、攻撃を防がなくてはならないのですから。

親密な関係というのは、あらゆる平安や悟りの状態でさえ混乱に陥らせてしまう場所のようです。他者と向き合った時、恐れか愛のどちらかが表現されます。しがみつくかゆだねるか。分離があると思い込むか、あるいはその人は本当のあなただと認識するか。より良い関係もなければより悪い関係もなく、正しい関係もなければ間違った関係もありません。あなたの考えや決断とは関係なく、**生**はそれ自身の向かう方向へと進みます。誰にも当てはまるような、人間関係についての理論や観念はありません。ある人は結婚して義務を負うゲームをし、別の人はたくさんの人とつき合うゲームをします。ふたりが同じゲームを楽しめるなら、とてもうまくいくようです。

相手から愛が返ってくれれば、私たちはとても嬉しくなります。その時、分離を示す境界線はまったく存在していません。**愛**がそれ自身を愛しています。そういう人間関係もあれば、言葉と思考の中で踊るような関係もあります。相手を恐れる場合もあります。

ある時はかくれんぼのようなゲームをし、ある時は親密な恋人同士のダンスをします。多くの人は自分の最悪の恐怖が演じられる関係にはまり込んでいる一方、自分の最大の欲望が演じられる関係の中にいる人もいます。

どのようなゲームであろうと、人間関係とは自分が抱いている恐れをあるがままに見る機会でもあり、もちろん自分が自分をどういう人間だと思っているのかを知る機会でもあるのです。それはまた、とりわけ**愛**の繊細さを経験する素晴らしい機会でもあります。

人間関係は、破壊の場となることもあります。自分がどれほど強く、どれほどコントロールでき、あるいはどれほど悟っているように思っていても、愛の関係はそれらの思いをすべて打ち砕いてしまいます。あなたはとても激しい感情と感覚に正面から向き合うことになります。それらの中にはとても快いものもありますが、多くはひどく不快なものです。

あらゆる理屈や、整然とコントロールしている感覚は、炎で燃やされます。思考は混乱の中でいくらかの品位を保とうと躍起になるものの、あなたはむき出しにされ、**愛**に翻弄《ほんろう》されます。どちらに進めば良いかを知る方法はありません。この領域で使える羅針盤はないのです。思考なんて、潮の流れを押し留めようとするのに似た滑稽な努力なんじゃないかと思えてきます。

人間関係とは、本当は人間同士の関係ではありません。それはハートを開くための徹底した集団療法のようなものです。そこではマインドの猛烈な自己防衛の物語やドラマが演じられ、コントロールしている感覚や自分らしさを維持するために、ありとあらゆる方法が使われます。そのため、人間関係はしばしばひどく不快なものとなります。

それは分離対**一体性**のダンスです。**一体**であるものが、ふたつとして踊っています。融合して**一体**となり、再び分離するために必死にもがきます。すべての境界線が消え、何もかも完璧となった時に、思考がやってきて言います。「そうね、でも……あなたはベッドメイクをしなかった！」

それは大変見事な**生**のゲームなのです。

恋に落ちた時、本当の**あなた**である**愛**を認識します。物語やドラマなどはすべて始まりと終わりがありますが、**愛**には始まりも終わりもありません。**愛**は絶対的に永遠なのです。誰かと恋に落ちた時、あなたは本当のあなたである**愛**を認識します。その時あなたは、愛する人がいたからそうなったと思うかもしれませんが、決して相手の影響ではありません。かかわっているのはあなただけです。

私の良き男友だちが、ある女性と親しくなろうとして言いました。「私と付き合うのは、実際にはあなた自身と付き合うことなのですよ」。とても上手な口説き文句ですが、それは真実でもあります。

相手はあなた自身であること、そして意見が衝突したり分離の観念が生じたとしても、そこにも本来の愛が存在することを認識してください。分離した自己としてではなく**愛**として相手にかかわることで、徐々に自己という感覚の居場所が小さくなっていきます。意見が食い違っても愛してください。分離した自己があるように見えていても、愛してください。

人間関係とは、本当はふたりの人間の関係ではなく、**愛**のダンスです。他者の中にいる自分を愛することです。**愛**のために愛するのです。その美しくもあり恐ろしくもあり、複雑で愚かで、時に荒々しく、時に静かな舞踏劇の中では、歓喜があり苦悶《くもん》があります。幸せも不幸も強烈に実感します。上昇の後には必ず下降が待っています。それは避けられません。歓喜を経験したなら、間違いなくその後で苦悶を経験します。それから逃れる術はありません。

これは**生**のダンス、エネルギーの波であり、引き寄せられて反発し、収縮して拡大するという動きをします。ある時には愛がくったくなく流れ、またある時には苛立ちを感じます。ある時は一緒にいたくなり、またある時は離れていたくなります。ある時は愛したいと思い、またある時は喧嘩《けんか》をしたくなります。

目の前に現れているその人は、いろいろな弱さを持ち、そのために多くの限界を持つただの人間なのです。常に愉快で優しい人ではいられません。いつもいつもあなたの思い通りに行動したり、あなたの言うことに同意したりできないのです。恋人とは、夫とは、妻とはこうあるべきという都合の良い概念や観念の枠には納まりません。常に一貫した言動をすることはできないし、変化し、進化し、決して同じままではいません。その人の特徴は固定されたものではありません。変容し、変化する**生**なのです。

目の前に現れているその人の本質を見て、その人は今はそうするしかないことを理解してください。この現れの世界の劇にいるその人には限界があり、常に無条件に優しくはなれないのです。限界を取り除くことはできません。その人はあなたを満たすことができないのです。

人に頼って**愛**につながろうとしてはいけません。本当の**あなた**である**愛**は、決してあなた以外の誰かから与えられるものではありません。あなたと接している誰かが存在するように見えているでしょうが、それは実際は単にエネルギーのダンスなのです。

あなたは完全に孤独です。それはあなた自身とのダンスです。それが分かれば、あなたは自分自身を限りなく愛することができるのです。

「あなたに与えれば与えるほど、私はより多くを持つ。共に無限のものだから」

ウィリアム・シェイクスピア

「ふたりがひとつであってもすき間は必要だ。天国の風がふたりの間で踊れるくらいのすき間は。愛し合いなさい、けれど愛を束縛にしてはいけない。ふたりの魂の岸辺の間を漂う海のような愛であるように」

カリール・ジブラン『預言者』

愛の狂気

「あなたとふたりきりでいる時はいつも、完全な自分に戻ったような気がする」

ザ・キュアー

二、三年前、とてもドラマチックな恋愛をしていた頃、私は次のような詩を書きました。

「私はあなたのことでいっぱい。考えることも、感じることも、経験することも、すべてあなたのことだけ。

あなたのそばにいると、私は自由でなくなる。あなたが遠くにいる時でさえ、あなたを思って切なくなる。どうしてこんなおかしなことになってしまったのだろう？　これは恋なのだろうか。

私はあなたのことなんて考えたくないのに。あなたから自由になりたいのに。あなたがいないように振舞いたいのに。

あなたなんて遠くへ行ってしまえばいいのに。でも本当にそうなったら、会いたくなるに決まっている。

これは恋なのだろうか。それとも、ただ気が狂っただけ？

私はあなたのことを何でも楽しんでいる。あなたと楽しく戯れることも、あなたに会いたいと思うことも。あなたとの波乱に満ちた物語をすべて楽しんでいる。

あなたなんて私の人生からいなくなればいいのに。耐えられないほど苦しい――でも、私はその苦しみさえ楽しんでいる！　本当に狂ってる！

まるで私の中には、恋い慕うという底なしの落とし穴があるよう。あなたが何をしようと関係ない。あなたのせいではない。

私は恋い慕うのが好きだから。それは甘く苦しく、私を夢中にさせる」

恋すること、それはとても甘美なわくわくする経験です。あなたは生きていることを強く実感します。誰かに必要とされ、求められ、特別な人になることであなたの存在は突然、意味のあるものとなります。その感情は強烈で、この世の他のことなど霞んでしまって、どうでもよく思えてきたりもします。

でもあなたは、その強烈な感覚を強く求め、執着していることにも気づいているかもしれません。まるで薬物中毒のように、病みつきになっています。薬が手に入った時は上機嫌になりますが、あなたから離れてゆきそうになった時、またはそれを想像しただけでも、自分のものにしておきたくなり、嫉妬《しっと》し、相手を支配するために感情的に脅しをかけたり、責めたり非難したり、その他の様々な手段を使います。

その人があなたのもとを去ってしまったら、激しい敵意、あるいは深い悲しみや絶望を抱くかもしれません。愛情深い優しさは一瞬のうちに荒々しい攻撃、または胸が張裂けそうな悲しみに変化するかもしれません。

その時、愛はどこへ行ってしまったのでしょう。愛は一瞬でその対極のものに変わることがあるのでしょうか。そもそも、それは**愛**だったのでしょうか。それとも単に相手を自分のものにしておきたい、執着していたいという中毒症状だったのでしょうか。

愛と憎しみが交互に訪れる波乱万丈の物語は、あなたをいきいきとさせます。その物語の望ましくない時期、破壊的な時期をなくしさえすればすべてがうまくいき、ふたりの関係は美しく花咲くように思えることでしょう。でも、それは不可能です。

対極をなすもの同士は、片方がなければもう片方も存在できません。もちろん、その関係の望ましくない面が障害であることは、望ましい面の場合よりも分かりやすいのですが、片方だけを得てもう片方を拒否することはできません。実を言えば、その両者はひとつのエネルギーの異なった側面なのです。そのエネルギーは体の感覚として感じられます。高揚と失意。幸せと不幸せ。拡大と収縮。**愛と憎しみ**。

それは生の自然なリズムです。それらの感覚はしばしば強烈ですが、思考で理解することはできません。思考はあらゆる説明と理論を考え出しますが、基本的には何もかも安全だと思わせる仕事をしているだけです。思考は何もかも安全だ、知っていると思えるように、何かにしがみつくのです。思考は「あなたは私のすべてだ」とか、「あなたなしでは生きられない」とか、「あなたがいなければ、私は笑うことができない」などという物語を考え出します。

ところが実際に苦しみが生じるのは、思考が出来事や経験を、それらが何であろうと、自分にとって重大事と考えてしまう場合なのです。恋という強烈な経験や、痛みや苦しみの強烈な経験は、決して重大事ではありません。私たちが強烈な感情を経験すると、たいていは思考の自然な癖が出て、その感情が何を意味するかとか、自分にどう影響するかについての物語を創作してしまうのです。

その物語がどのようなものであろうと、真実ではありません。どのような物語であろうと、それは思考の創作した物語です。強烈な経験をしたからといって、実際にその人が永遠にあなたを愛してくれると決まったわけでもないし、あなたの望むように愛を表現しなければならないわけでもありません。その人が去っていったとしても、それは決して「私には何か欠けている」ことを意味しているのではありません。

そのような経験をして物語が繰り広げられても、それに登場する私が実際にいるわけではありません。恋に落ちたり苦しんだりしている私という個人は、実際には存在していません。

本当のあなたは、何が起ころうと影響を受けることはありません。それらの経験は、本当のあなたの中に現れては消えてゆきます。感覚が生じて消えます。思考が起こって忘れられます。恋人がやってきて去ってゆきます。でも決して移り変わらないものがあります。それは本当のあなたです。**愛**である本当のあなたは、どのような経験の枠をも超越したものです。本当のあなたである**愛**は、**生**それ自身なのです。

かくして映画は進行します。**生**はあらゆることが意味深く、重要であるかのような演技をします。様々な感覚は強烈で、思考はそれを全部理解しようと躍起になります。

でも、本当のあなたである**愛**は静かなままです。その**愛**は、恋人があなたの理想通りかどうか、あなたのもとを去ってしまうかどうかに左右されることはありません。何があっても**愛**は存在しています。

本当のあなたである**愛**を認識した時、**愛**が**愛**であるために誰も何の条件も必要としないことをあなたは知ります。多分あなたは、本当の自分とつながりたい、見つけたいと思って相手を求めるのではないでしょうか。愛される時、あなたは自分の知っている本当のあなたに近づいたような気がします。**愛**を感じるために、あなたの外にいる誰かまたは何かが必要だと思い込めば、必ず苦しみが生じます。勝つか負けるかの人間関係においては、自分の要求を満たすために互いに依存し合うので、真に愛されていると感じることはできません。そして自由になりたいと望むでしょう。ふたりの関係に依存、支配、犠牲、または特定の役割の遂行がある時、必ず自由が制限されて息苦しくなるのです。

どれだけあなたが相手を愛し、相手から愛されているとしても、**愛**は相手の存在や言動に支えられているわけではありません。あなたが**愛**から分離することは不可能です。

相手が問題なのではありません。その人に満足させてもらおうとしてはいけません。本当の**あなた**を認識すれば、あなたは真の充足を知り、たとえ思考によるかつての愛に飢えた不安な物語が浮かんだとしても、決して実際に愛に飢えた不安な自分がいるわけではないと分かります。**愛**だけが安心安全なのです。それを感じるために相手は必要ありません。相手の演技の光と闇を見てください。その人は決して完璧ではなく、すべての理想のイメージに当てはまることはないのです(もしそうなったら、多分あなたは退屈になってしまうでしょう!)。

ですから、波乱万丈の物語を楽しんでください。その人は**愛**の映画の中の登場人物なのですよ。

「我にとって汝は心地良い苦悩だ」

ラルフ・ワルド・エマーソン

野生の官能性

「彼女の息はクローブの香りを添えた蜂蜜のようだ。
彼女の唇は熟したマンゴーのように甘美だ」

スリンガラカリカ

生に起こるあらゆることは官能的であり、いきいきとしています。猫を撫でながら毛の感触を味わったり、シャワーを浴びながら水が体の表面を伝い流れるのを感じてみたり、外の雨音に聞き入ったり、肌に触れる衣服の柔らかさを感じたり……

まさに今のこの瞬間に生じている単純で素朴な感覚に対して、私たちはほとんど注意を向けません。私たちはもっと特別なものを欲しがるので、それらを当たり前なこととして受けとめています。

でも、あなたは気づいたことはありませんか。自分が求めていたと思う特別なものを手に入れても、その後でもっと特別なことを探し始めることに。それが思考の本質です。思考はあるがままには決して満足しません。常により良いもの、より多くのものを求めます。今の瞬間に存在しているものはすべて、思考にとっては退屈か平凡か、あるいはただ単純過ぎるのです。

思考の本質とは、完璧さを目指すことです。その仕事には終わりがありません。でも、この世界は決して完璧にはなりません。人は決して完璧にはなりません。常に忙しく、次にやるべきことのために動き回るのには、いつもそれなりの理由があるのでしょう。それは何も悪いことではないのですが、思考はこの瞬間、たった今起こっていることが、そのままで既に完璧なのを見落としています。そうあるということは、それが完璧だということなのです。

思考の本質がそうであることを認識すれば、思考の言うことを常に全面的に信じることはなくなります。もし思考が「『これ』はあり得ない、何かもっとましなものがあるはずだ」と言っても、その言葉を信じて従う必要はありません。ただ思考は、そのようなやり方しか知らないだけなのです。それでも、そこにあるものは依然としてそこにあります！

顔に当たる風の感覚、胸の中にある感情の痛み、窓からの景色、通りを通過する車の音、コンピューターのブーンという音、電話で話す声、枕に頭を置く感覚……

単純で平凡です。成し遂げることも、理解することもありません。知るべきことも、留めておくべきこともありません。今起きつつ「ある」ことは、思考が何を考えようが、あるがままにそこにあります！　思考がどれだけ未来や過去に生きようと、あるいは「私」が今の瞬間に生きるのを邪魔しようと、今ここにあるものから逃れることは絶対にできません。

古くからの教えの中には、官能への執着は**覚醒**のためには問題だ、または邪魔になるとするものがあります。ひとたび官能的な歓楽を味わうと、たいていはその経験にしがみつきたくなり、自分にとって特別な意味を持つと考え、さらに求めるようになります。あなたも多分、美味しい食べものとワインを楽しんだ時や、素晴らしいセックスを経験した時にそうなったことでしょう。思考の本質とは、経験を定義し自分のものにすることです。苦しみをもたらすのは経験そのものではなく、経験をつかまえたり思い通りにできる方法が何かあるはずという考えなのです。

あらゆる経験の本質を見てごらんなさい。出来事はすべて訪れては去ってゆきます。すべてのものは通り過ぎてゆきます。**生**は官能的であり、いきいきと新鮮で今にあるので、起きたとたんに過ぎ去ってしまいます。あまりにもいきいきとしているので、しがみつくことができません。しがみついているものは、いきいきとした、わくわくどきどきの官能的経験自体ではなく、ただの想像か、または終わった経験の記憶でしかありません。

思考は経験する人とその経験自体との間に、柵のようなものを設けてしまいます。

そういう柵を思い描き、本当に存在するものと思い込んだ時、それは現実となります。**生**は少し単調で退屈に思えてきます。そうなると、生きている実感が欲しい、**生**にすべてをゆだねてしまいたいと望むかもしれません。**生**の絶対的な官能を経験できるような情熱が欲しい、限りなくゆだねたいと望むかもしれません。でも思考が分離や恐怖、支配の柵を立ててしまうのです。

その架空の柵が実際には存在しないと分かった時、それでも現れるかもしれませんが、ただ本当にあるとは思わなくなります。その柵の正体が見えます。それは単に、思考が任務として安心感を与えようとしているだけなのです。その時、経験する者は存在せず、ただ経験だけがあります。それを自分の経験だと主張する者はどこにもいないし、起きることを自分で思い通りにできると考える者もいません。ここに何があろうと、あるものに完全にゆだねるのです。野生の官能にゆだねるのです！

すると、自然がいきいきと感じられます。あるものすべてをあるがままに受け入れながら、それと親密になります。水を見てごらんなさい。光と影に揺らめいています。水は魔法のようです。私たちはシャワーの水を浴びたり、蛇口からコップに水を注いで飲んだりする時、それを何とも思っていません。でもその輝きに目をやってみてください。体にどういう感覚を与えるかを感じてみてください。湖や川の岸辺に立って、水が醸《かも》し出す静けさを感じてみてください。この魔法の液体の近くにいることがそうした感覚を呼び起こすなんて、驚くべきことではないでしょうか。

風になびくトウモロコシ畑を見てごらんなさい。命に溢れています。たくさんの人が働く職場を見てごらんなさい。みんなひどく偉そうな顔をして忙しそうです。あらゆるものは、とにかく存在するというだけで正真正銘の奇跡なのです！　それらは存在するだけでなく、官能的で豊かな生のエネルギーが炸裂《さくれつ》しています。花や星のような美しいものを見るだけでも、至福感が押し寄せてきます。

瞑想やその他の修行でもそうなることがあります。薬でさえもそうです。また、何の原因もなくそうなるように思えることもあります。あなたはいつ身体的な反応が起こるか、何かの拍子にどういう振舞いをしてしまうかを自分では分かりません。その中には社会的に受容されるもの、その場に相応しいものもあるでしょうが、そうでない場合もあります。葬式で急に笑い出したり、パーティで泣き出したりするかもしれません。その行動は必ずしもあなたが納得したり、その状況に相応しいと思えることではありません。

私は音楽を聞くと、急に感情が高揚することがよくあります。感激のあまり涙が頬を伝います。電車に乗りながら音楽を聞く時には、人から「大丈夫ですか」と聞かれないようにサングラスをかけたりします。避難訓練で泣いたこともあるし、真剣な会議でくすくす笑ったこともあります。

川や花などの美しい自然を見ると、しばしば身体的な反応が起こります。感覚や感情が湧き出てきて、とても抑えきれません。そして数ある経験の中でも、恋に落ちる経験ほど官能的できらびやかな**愛**の表現、すなわち本当の**あなた**の表現はありません。そのような**愛**を体験した時、ほとんどの人は、他のことはどうでもよくなるほどの胸の高鳴り、高揚感に襲われます。体に湧き起こるその感覚と感情は強烈で、すべてを犠牲にしてしまうほどの至福感であることも少なくありません。

でもあらゆる薬物がそうであるように、その至福感が薄れたり他の感覚に変化したりした時、人々はさらなる至福感を望むようになります。この切望は、それ自体が強烈な官能的経験です。そしてそれは身体的な感覚でもあり、感情でもあります。実は、あなたは切望すること自体に強く惹かれています。あなたは誰かに会えないのを悲しく思ったり、スピリチュアルな覚醒を求めたりするのが好きなのです。そのように切望することは、生きている実感を与えてくれます。それはまるでセックスのようにすべての感覚を満たしてくれます。

性的エネルギーは、あなたのイメージするものに限定されてはいません。それはまったく予期しない時に突き上げてきます。**生**に対して開放的になれば、境界線はどこにもありません。私はいつもたくさんの人に恋をします。**愛**はあなたの考える理想の恋人などにはこだわりません。必ずしも行動に移すわけではないのですが、性的エネルギーはしばしば思いもよらない時に押し寄せます。それは自分の思い通りに手なずけたりできるものではありません。

性的エネルギーには、良いも悪いもありません。それはまったく平凡なことであり、かつまったく非凡なことです。ただその本質を見てください。それは生の力です。その**躍動**を体で感じるのです。愛、行為、エクスタシーと融合した性的エネルギーは、**生**を称えている**生**です。あらゆることは官能的で性的です。**生**は何が起きようと、それにときめきます。融合しては分離し、また融合しては分離する……来ては去る、感情、感覚、わくわく、ぞくぞく……

「これは偉大な地球の秘かな企みか。それが恋人たちを出会わせた時、ふたりの無限の感情の中で、万物が喜びで震えるのは」

ライナー・マリア・リルケ『目覚めたハート（The Enlightened Heart）』

無条件の愛と慈悲

「私はいつもあなたを愛している。あなたが何をしても何を言っても、
私が何をしても何を言っても」

ザ・キュアー

「慈悲」と「無条件の愛」という言葉の解釈についてはかなり混乱があるようです。それらには理想的な行いという観念が吹き込まれてしまいました。思考は親切にも、自分が正しい、良いと思うことを創作しようとします。多分私たちは、無条件の愛とは、人を裁くことなく愛すよう努めることだとか、人をあるがままに受け入れようと努めることだと思っているのではないでしょうか。

慈悲とは、自分を犠牲にして人に寛容になるよう努めることだとか、自分を愛すように他者を愛そうと努めることだと理解されています。でも、あなたはそうしてみたことがありますか。理屈からすればそれはとても素晴らしいことであり、そのような考えや振舞いは、人を傷つけたり自分勝手な言動で苦しませたりするよりも明らかに良いことに思えます。

しかしながら、あなたが自分自身の善悪の観念に従って振舞おうとしても、何だか不自然な感じがしたり、難行苦行をしている気になったり、また実際には不可能ということになるでしょう。自分の観念に従って行動していない時や、そうできない時があるのに気づくでしょう。生はあなたに、経験を思考の鋳型《いがた》にはめることはできないと分からせてくれます。生は自由奔放なものであり、あなたは理想を抱くかもしれませんが、いつもその通りになるとは限りません。

「慈悲とは情け容赦のないもの。それはあなたの足元から敷物を引っぱり取る」

ドラノ

キリストは信者たちに、隣人を愛するだけでなく敵をも愛しなさいと教えました。仏陀は生きとし生けるものたちに対する慈悲を実践しなさいと教えました。ニューエイジの教師たちは世界の平和と愛を思い描くよう呼びかけました。仏教の修行の中には、まず初めに自分を愛し、次に自分の味方を愛し、そして友達や利害関係のない人へと進んでゆき、さらには敵を愛するというものがあります。敵対している相手を愛すのは、条件つきの愛から無条件の愛への扉を開くことだと言われます。慈悲や思いやりのある寛容さは、情熱や欲望とは区別されます。情熱や欲望とは愛の仮面をかぶった幻想で、この種の愛には楽しい経験だけが含まれ、苦痛や不愉快なことは排除されると理解されています。

分離が存在すると思い込めば、善と悪のような二元性が存在するという思い込みが出てきます。何らかの思考や行動は、善と悪のどちらかに分類できると考えます。そのような考え方にもとづいて行動すれば、しばらくの間は気分良くいられるかもしれませんが、長くは続かないようです。

あなたがどれだけ慈悲深くあろうと努力しても、両端を行ったり来たりする振り子は、その自然な運動により結局は反対側にも振れます。あなたが一日中慈悲深さを実践したとしても、何かの拍子に誰かがぶつかってきたり、つま先を踏んだりすれば、憎らしくなって悪態をついてしまうのも無理はありません。そしてその次には、その人に対して慈悲深くなかった自分に罪の意識を持つかもしれません。

こうして、いわゆるネガティブな思考や行動を前向きなものに置き換えようとしますが、その苦しい努力はいつまでも続くことになります。慈悲深くあろう、何があっても優しくあろうとする努力は、しばしばエゴの大きな罠《わな》にはまります。私はこれほど素晴らしい人間だから、他の人とは違うし価値があると感じてしまうのです。あなたは善良で寛容な、とても特別な人間になってしまいます。

でも実は、本当のあなたはどのような人でもないのです。今よりもっと良い人になる努力など必要ありません。あなたはどういう人でもありません。あなたには性質がなく、それでいてすべての性質を持っています。

そのような努力のほとんどは、本来の**あなた**である**無条件の愛**と**慈悲**をマインドが複製しようとしているものなのです。ほとんどの人が本当に望んでいるのは、無条件の**愛**を日常生活にもたらすこと、すなわち**愛**として生きることです。そしてマインドはそうとは気づかないまま、複製しようとするのです。

私たちは慈悲深さを行動で示し、善良で優しくなろう、ハートを開こうと努力します。そして多分、それを続けているうちに、実際にそれらの性質がもっともっと現れてくるように感じることでしょう。ところがそれらの努力とは、あなたの思い描くあなたや自分のものと考えている様々な性質を、性質を持たないものに合わせようとすることなので、いつまでも終わりません。

あなたは完成させるべき性質をすべて知っているわけではありません。努力によって思考の深い層まで踏み込めたと思っても、行けば行くほどさらに多くの性質が現れます。本当の**あなた**は既に、あなたが望むすべての性質なのです。そして単にそれを認識してすべての努力を投げ出せば、それらの性質は自然に現れてくるようになります。

無条件の愛と慈悲についての教えは、本質的にはその本来の姿を示してはいますが、あなたの行いや考えを改めなさいという意味に解釈されてしまうことも少なくありません。無条件の愛とは行うことではなく認識なのです。分離などは存在しないことを一度でも認識すれば、あなたが友達や敵とは分離していないことに疑いを持たなくなります。

他者と対立することがあるかもしれませんが、それはすべて意味のないエネルギーの戯れと見なされます。どのような深刻な問題も存在しないし、愛が失われることもありません。情熱、欲望、慈悲の行為などが、自分にとって多かれ少なかれ価値があるとか意味があるとか感じるのは幻想です。

あなたは既に絶対的な**慈悲**であり、慈悲深くあろうとする必要はまったくないのです。真の**慈悲**とは、実際の経験の真の姿です。それを定義する必要もないし、あるがままの物事を偽る必要もありません。本当の**あなた**はすべてを包み込んだ**慈悲**であり、苦しみや不愉快なことも決して排除しません。**慈悲**とは自分を抑えて行動することではありません。**慈悲**は他者に向けられるだけでなく、起きることのすべてに向けられます。それにはあなたの利益になることも含まれています。分け隔てなどしないのです。

怒り、憎しみ、不安または欲望は、生じる時には生じます。それを解決したり改善する必要はありません。これは受け入れようとする努力を超越した**受容**です。既にそうあるものをそのままに見るのです。**あなた**は存在するもののすべてであることを見るのです。境界線はありません。

これが**愛**です。本来の**あなた**である無条件の**愛**を認識し、何が起きようと無条件の**愛**は存在していることを知ってください。つかの間の気分的な愛情や刹那的な恋愛が過ぎ去っても、**愛**はあり続けます。思いやりや優しさが続かなくても、**愛**はあり続けます。

真の無条件の**愛**を知ってください。そうすれば、そうあろうと振舞う努力は必要ありません。真の**慈悲**を知ってください。そうすれば、慈悲深くなろうとする努力は必要ありません。これは革新的なことです。もし本当の**あなた**を認識すれば、**あなた**である**愛**にはどのような条件も制限もないことを知るでしょう。

「慈悲とは……遠くの地の百万の人々を愛するような壮大な憐憫《れんびん》ではありません。それは自分に都合が好かろうが悪かろうが、どのような出来事にもゆったりとしている基本的な慈悲のことです。真の優しい思いやりとは、思考や感情などの構造を持つものではありません。それは一瞬一瞬の出来事に気づいて、それと共にある能力です。優しい思いやりとは、気づきです」

テーラワーダ仏教の尼僧

条件つきの愛

「愛は寛容であり、愛は親切です。また人をねたみません。愛は自慢せず、高慢になりません。礼儀に反することをせず、自分の利益を求めず、怒らず、人のした悪を思わず、不正を喜ばずに真理を喜びます。すべてを忍び、すべてを信じ、すべてを期待し、すべてに耐えます」

コリント人への第一の手紙　13章

真の**愛**はどのような条件も必要としません。でも愛の経験はしばしば条件つきで、利己的な事情や要求、期待に基づいています。「私がして欲しいことをしてください。そうすればあなたを愛します。私の望むような人になってください。そうすればあなたを愛します」

条件つきの愛とは、互いに一定の基準に合った振舞いをする好ましい人でいる時にだけ、愛と承認を与え合うことです。快い部分だけを受け入れることです。私たちはあまり快くない感情や欲望はすべて隠します。そのような状態が続けば続くほど孤独感は深まり、「つながっていない」という感覚が強くなります。その結果、どのような条件があろうともただ存在している**愛**を知りたいと望むようになります。やはり分離の感覚は苦しみをもたらすのです。

そしてやはり、一体であることを再び確認すると嬉しくなります。人間関係はたいてい、条件つきの愛に基づいています。「あなたと私は相性が良いから、あなたを愛している」。「私の娘だから、あなたを愛している」。「私を愛してくれるから、あなたを愛している」

愛はそのような特定の関係に閉じ込められ、特定の定義に縛られているようです。私たちがその愛に与える意味によって、その関係が定義されます。「私を愛しているなら、いつも私に優しくするべき」。「私を愛しているなら、いつも私の言うことを尊重するべき」

愛の意味を同じように、または似たようにとらえる者同士は、良い関係になるようです。それは安心安全だし、理論的に理解することができます。

しかし愛をどのように定義しても、困ったことに**愛**は自由奔放なのです！　どのような境界線にもどのような定義にも納まりません。あらゆる表情、微笑み、笑いは、本当の**あなた**である**愛**と快活さの表現です。それらを抑え込むことは不可能です。それらは炸裂する**生**の中で飛び出てきます。

愛を観念の型にはめようと一生懸命に努力しても、あなたは必ずそれ自体に矛盾を感じることになります。そして分離の苦しみを味わうでしょう。それがどれほど安全なものに感じられようと、最後にはどうにかして打破する必要が出てくるでしょう。

愛と承認を求めれば、その思いとは裏腹に、自分にはそれが欠如しているという認識を強めます。自分を満たすために他の誰かの愛を求めるなら、その思いとは裏腹に、あなたの本来の完全性を否定していることになるのです。あなたが完全であると知るためには他者が必要だという認識を強めてしまいます。あるがままの**あなた**である**愛**を知るために、他者に頼ることになります。

良い人であろうとすることは、善と悪を区別する二元的な思考から起こり、あなたは本来十分に善であることを否定しています。そしてそれは人を良い悪いで区別するような独善的態度を生み、本質的には分離を強めるものです。本来のあなたとは**愛**自身であることを信頼しなければ、思考にどうすれば良いのかを教えてもらったり、思考を人生の羅針盤にするしかないと思うのは無理のないことです。でも思考はあらゆることを善と悪、正と誤、これとあれに分けてしまいます。ところが存在している**愛**は絶対的に一なるもので、決して分割することができません。存在するすべてのものは善も悪も、正も誤もなく、ただそうあるだけなのです。

人から愛や承認を得る必要があると考えることで、それらを超越したところであなたが知っているものを信頼できなくなっているのではないでしょうか。あなたは決まりや習慣を破ることで、何も分からない迷子になってしまうのを恐れています。あなたが知っている真実に毅然《きぜん》とひとりで立つのは、とても怖いかもしれません。どちらに進めば良いのか、どうあれば良いのかを知らないでいることは勇気が必要です。単に決まりや条件に従う方が気楽だと感じるかもしれません。

そのような決めごとや条件は、あなた以外の人々だけでなく、あなた自身をも縛っています。普段あなたは、自分が良い振舞いをした時にだけ自分を愛します。何か間違ったことをしたら、自分を軽蔑します。思考はあなた自身を責め、憎みます。前向きに考えたりとらえたりして自分を愛そうとしてみても、ちょっと湿布を貼ってみたようなものです。

自分は本来**愛**であると理解することによってのみ、あなたの性格がどれほど好ましからざるものであっても、そのようなことには関係なく根本的に**愛**でいられます。そして実際には、この**愛**の認識自体がその性格を育み、自信を与えて開花させることも多いのです。**愛**は分離を見ません。愛する人であろうと虫であろうと、あれこれ差別しません。**愛**はただ愛するのです。**愛**は従順ではありません。**愛**は快活で自由で、広がります。**愛**は奔放です。

私たちは懺悔《ざんげ》したり思考を止めたりしなくてはならない堕天使《だてんし》ではありません。自分自身を浄化する必要はありません。身勝手で破壊的な衝動と闘っているわけではないのです。

生は起きることのすべてを遊び、そしてすべては何の条件もなしに**愛**に含まれています。すべては良くて正しいのです。なぜならば、それは存在しているからです。

憎しみ

憎しみとは何でしょう？　憎しみという言葉が意味するものについて、私たちは様々な抑圧や観念を抱いています。そしてこの言葉には、**愛**と同じくらい様々な解釈があります。礼儀正しい人々の間では、この言葉を使うことが恐れられるものです。それは大変強い感情で、状況に決着をつけてしまいます。何かを、または誰かを憎んでいると言ってしまえば、話し合う余地は残されていません。それでおしまいです。「いらいらする」とはかなり違うし、「あなたが嫌いです」ともやはり違います。

憎しみとは、まるで一切の思考や考慮の余地を切り裂く刀のようです。だからこそ、ほとんどの人は慎重に扱うのです。人々は物事を一刀両断に切り捨てるのを恐れます。別の可能性やさらにドラマチックな展開、より多くの思考などのためにドアを開けておきたいと思うのです。思考による波乱に満ちた物語を手放し、今すぐに動かしようのない完結に切り込むのが怖いのです。

愛についての本の中で憎しみについて語るのは、不思議な感じがするでしょう。私たちは普通、憎しみとは怒りのような、いわゆるネガティブで強烈な感情の延長であると考えますから。もちろん、多くの場合はそうです。でも私がここで話している憎しみは、本当の**愛**と同じくらい完結したものです。すべての議論と理屈が終わります。ただ今の瞬間にあるものだけになります。もちろん憎しみを抱くのは、多くの場合は怒りや不公平感があるからです。でも怒りや不公平さを別にすれば、憎しみ自体は完結しています。絶対的であり、徹底的で完全です。

私は皆さんにあらゆること、あらゆる人を憎みなさいと言っているわけではありません。ただ、その完全な憎しみの中に絶対的なくつろぎがあるのです。すべてが手放されます。理論や理屈はすべて放り出されます。誰かを憎みきることによって、私たちはその人にまつわる物語を手放し、その憎しみは完全に消えるのです。

それが去ってしまったら、残るのは**愛**だけです。あなたはその人と一度も切り離されたことはありません。**あなた**である**愛**は、その人でもあるのです。

憎しみとは、究極の素直さです。思考は常に憎む理由、つまり目つきやいらいらさせる癖、言動などを見つけ出します。私たちは優しく寛容であるべきだと思っているので、いつもそのような感情を抑圧しようとします。でも奥底には密かな憎しみが燃えたぎっています。私たちはしばしば憎しみというものを誤解し、個人的な攻撃ととらえるので、それを使うことを躊躇してしまいます。憎しみは個人を超えたところにぱっと現れます。それなのに、私たちはすぐにその場で「私を見るあなたの目つきが憎らしい」などと言ってしまいます。怒りの表出は必要ありませんが、ただ抑圧されると怒りは様々に発展してしまいます。憎しみは非難を含んではいないし、誰かに向けられたものでもありません。憎しみとはただその場の表現なのです。別に私は、これからはいつも「私は～が憎い」と言いなさいと勧めているわけではありません。ただ憎しみのあるがままの姿を見て、もうそれを恐れないようにと言っているのです。

もしそれができたなら、あなたは既に自由で、憎しみを明確に理解できています。憎しみは**愛**と同じ価値のある表現です。いわゆるネガティブな感情は、ポジティブな感情と同じく、訪れては去ってゆくものです。**愛**は**憎しみ**です。**憎しみ**は**愛**です。初めであり終わりです。それが**生**なのです。**生**は両極端の間を流れます。空っぽは充満であり、充満は空っぽです。両者は同じものです。両者はひとつのものです。

なぜ**憎しみ**を憎み、**愛**を愛するのですか。**憎しみ**を愛し、**愛**を憎んでも良いではないですか。愛と憎しみというふたつの概念を超えて見れば、ネガティブあるいはポジティブな感情や経験というものはないことが分かります。憎しみという感情を抱いても何の問題もないし、何かを変えなければならない理由もありません。それは、ただ単に起きていることとして受けとめれば良いのです。起きているのですから、否定しようがありません。それなのにどうして抵抗するのでしょう。抵抗すればさらに混乱し、もがき苦しむだけです。去る時がくればそれは去ってゆきます。ちょうど空を流れる雲のように。憎しみを必ず表現しなくてはならないわけではありません。ただ**憎しみ**を感じている時にそれに気づくだけで、もう既に自由になっているのです。**愛**は**憎しみ**をも愛します。

それは既に苦闘の終わりです。

ゆるやかな解体

「自分を改善する努力をやめた時、**生**があなたを改善し始める。
あなたを優しく扱いながら」

OSHO

何という矛盾でしょう！　あるのは今の瞬間に起きている生だけで、それ以上やそれ以外のことは必要ありません。**愛**はただあります。何も必要とせず、不足もしていません。でもそれとは矛盾することに、個人として現れている者の日常の中にそれが徐々に統合されてゆくのです。それは観念や信念の統合ではなく、**愛**として生きるようになるということです。死を認識し、**愛**として生きてください。本当の自分を知ってください。そうすれば**生**の真の姿が見え、その時すべての思考や感情、経験が本当は何なのかが見えてきます。

これは信念体系や哲学についての話ではないので、あなたの本性が**愛**だということを頭で納得するだけでは不十分です。あなたが本当に望むのは、もう恐れながら生きるのはやめて、百パーセント**愛**として生き、かつそれをいつの瞬間も完全に分かっていることです。この認識の統合には終わりがありません。**生**はいつも**生**自身に新しい場面や状況に出会わせ、驚かせ、それによって演じられるかもしれない分離や恐れを、**愛**自身に気づいている**愛**の視点から見ているだけなのです。

その認識を得るまでは、ハートを開くためや自分自身に正直になるために、個人としての自分が何かできると思うかもしれません。あなたはどうすればもっと繊細になり、自分の本当の感覚を知ることができるのかを学ぶために、講習会やワークショップに通ったかもしれません。

しかし、実際には何かを思い通りにできるような、それどころか何かをすることができるような分離した個人は存在しないことを認識すれば、あなたがそれまで信じていた順番は逆だったことが明らかになります。あなたは以前、ハートを開く努力やマインドに気づくための瞑想をすることにより、最終的な目標に到達できると信じていました。でも実際は逆で、最終目標だった本当の**あなた**を認識することで自然にハートが開き、人間関係において繊細になり、思考や感情に気づくようになるのです。あなたがそうなるように努力する必要はありません。でも、その変化はゆっくりしたものだと分かるでしょう。誰もその努力をしているわけではなく、まるでエネルギーの自然な流れのようにそうなってゆくのです。

伝統的スピリチュアリティの多くは、自由という最終目標に到達するための道や過程を教えます。でも、私はその逆のことを言っています。自由という最終目標は、たった今、ここにあるのです。それを完全に認識してください。その後で解体の過程が始まるのです。

私が解体という言葉を使うのは、あらゆる信念体系や持ち続けていた概念、振舞いや人間関係の古いパターンがばらばらに崩壊するからです。あらゆるものを失います。本当のあなたを認識すれば、あなたがこれまで神聖かつ深刻で意味があるとしてきたものすべてを超越してしまうのです。でも、このすべてを失うという状況は果てしなく続きます。永遠の自然落下《フリーフォール》です。何らかの思考や感情、状況が生じるたびに、それらも単なるエネルギーの流れであり、空《くう》の中に生じている感覚であり、自分にとってはそれ以上の意味がないことを、まるで初めて知るかのように理解します。あらゆる基準点は失われ続けます。

絶対的存在のみがあり、その**存在**の本質上この瞬間の外には何もないので、時間の経過に伴い徐々に統合することはあり得ない一方で、この**存在**の認識が時間と共にゆるやかに統合されるように見えます。本当のあなたへの覚醒を認識するのはたった一度きりなのですが、思考はその本質から、時間の中で分離して生きることしか知らないのです。

異議を唱える思考をよそに永遠で無限の**愛**の認識を生きるには、常にある種の勇気が必要だと思うかもしれません。常に何らかの経験や思考が生じる中で、何も留めておくことができないのを何回も何回も理解する勇気を持つことは可能です。どのような出来事の中にも、休息する場所はありません。この思考にも、この経験にも……。どのようなことが起きても、それによってあなたが何者なのかが決まるわけではありません。何回も何回も、自分は何も知らないことを理解します。

これは出来事のすべてに気づいていようと努力することではありません。なぜなら、努力は必要ないのですから。気づく努力をしたり、そう決意するような分離した私は存在しないことが分かれば、この世界は誰の関与も受けず自然に展開していることが歴然とします。一度その洞察を得れば、その後に起こることは次第にその洞察の光に照らされるようになります。

あらゆる思考のトリックがひとつずつ明らかにされてゆきます。いわゆるエゴのゲーム、所有と支配、私についての物語、私の痛みと苦しみなど、それらすべての本当の姿が現れ、ただの茶番劇だったことがばれてしまいます。何が起きても、それが自分に起きたことだとは一切思わなくなります。しかしそれでも、私が存在すると思い込む以前のパターンが現れることはあります。そのような物語やパターンが現れた時、それらが本当は何であるかが分かるかどうかです。

物語やパターンの本質が幻覚であることをすぐに理解してしまうこともありますが、多くの場合は、それらが本当のあなたである**愛**の光の中で燃え尽きるまでは、何回も何回も現れてきます。それらが永遠に現れ続けても、少しも問題はありません。重大なことなど何もないのですから。何が起きようと、あなたは決して何も失いません。しかし、本当のあなたとは違い架空の私、つまりエゴからの動きはどれも見せかけなのが分かり、しばしば束縛や身体的な痛みとして感じられます。

あなたが自分であると思っていた人物はゆっくりと解体していきます……あなたのすべてがこ

の感覚になるまで。

「あなたの中で愛が育つ時、美も共に育つ。
愛とは魂の美であるから」

聖アウグスティヌス

それは逆です！

「あなたはいつも恋をしている。でも、あなたが愛せるのはあなた自身だけだ。そのあなた自身とは、この宇宙さえ内包する**不変の一なるもの**だ。それには始まりも、中間も、終わりもない。愛だけが愛するに値するものであり、それはあなた自身の**真我**なのだ」

H・W・Lプンジャジ

多くの教えは、本当のあなたである**愛**を複製しようとしています。でもそれは、あなたが今のまで既に**愛**であることの否定です。もっと愛しなさい、もっと気づきなさいと説かれたあなたは、そうあろうと努力しますが、本来のあなたがあらゆる面で既にそのようにあるとは少しも思っていません。あなたは既に**愛**なのに、**愛**になろうとするのは不可能です。努力する必要はないのです。

ほとんどの教えや言い伝えは、悟りや成就という最終的な目的地に到達するための道を説きます。その道では、その教え独特のやり方で努力を重ね、自分を完成させなければなりません。

あなたは執着を捨てることやハートを開くこと、マインドをコントロールすること、そして過去の条件づけから反応しないことを学ばなくてはなりません。でもこれらのすべては、私たちが自分の人生をコントロールしていて、今の生き方のままでは不十分だという考えに根ざしています。

それはまったく逆なのです。いったん本当の自分を認識したなら、他のことはすべて自然に解決してゆきます。その時、本当のあなたは決して執着せず、いつも開いたハートでいることが分かります。

マインドをコントロールする必要はありません。なぜなら、明らかにマインドは誰をも不安にさせていないし、本当のあなたは絶対的な**存在**なので、過去の条件づけなどは明らかに存在しないからです。条件づけが生まれるような過去は存在しないのです。

それを認識することにより、心身共にくつろぎます。探求の終わりです。とても解放された気分です。そうしてくつろいでいると、物事はゆっくりとそれ自体が解決してゆきます。

思考がおしゃべりをするのは勝手だし、決して黙っている必要もないということは、勝手にくつろいで黙りもするということです。それが分かれば、より一層**愛**が開放され、求めなくてもその**愛**は個人としての生活の中にはっきりと現れてきます。あなたは**生**そのものにすべてをゆだね、その**生**は様々な出来事によって自由にそれ自身を表現します。もはや、誰も邪魔する人はいません。誰も何もコントロールしていません。

悟りを探求すること、つまり**愛**の探求とは、この現れの劇を、劇を知る者に調和させることなのです。

人々は自分である**愛**を既に知っているために、良い人になろう、寛容であろう、瞑想しよう、愛し愛されようと努力し、そのような振舞いの中に**愛**を見出すという探求をします。ですから人々は人生を捧げてスピリチュアルな探求をする時、あらゆるものを明け渡して真実に合った生き方をしようとするのです。

でも、本来の自分が真実であることを認識すれば、真実に合った生き方をしようと努力する必要はないことが分かります。生はコントロール不可能であって、努力したり頑張ったりしなくても起きることが起きます。本当の自分を認識すれば、それがあらゆる面で自然に表現されるようになります。ですから、順序が逆なのです。**愛**はその劇の中で穏やかに、ゆっくりと、自然に、一層鮮やかに表現されてゆきます。

本当の**あなた**は既に**愛**と**自由**であり、形で表わす必要も表現する必要もないのですが、この劇は続きます。本当のあなたをひとたび認識すれば、**愛**はなお一層現れ出てきます。でもそれは、誰かがコントロールして起きるものではありません。だからこそ、この人生という見かけ上の旅には様々な状況が自然に起こり、素晴らしい発見があるのです。決して止まりません。無限の広がりも何の驚きもなかったら、生きていて何の楽しみがあるというのでしょう。

本当のあなたを認識した後でもその道は続きますが、以前よりも楽しくなり深刻さは減ります。自分の今後がどうなるかなどには関心がなく、**生**がどのように表現し、どう経験するかが一番の関心事となります。

私たちは自由になるためには自分をどうにかしなければならないと思い込んでいますが、実際は逆なのです。まず初めに本当の自分を認識してください。そうすれば、すべてのことはゆっくりと穏やかに、しかるべき場所に落着くのです。

本当のあなたであるこの**愛**は、この生の中でゆっくりとそれ自身を展開しながら現れ出てきます。本当のあなたである**空**《くう》を認識すれば、振舞いを変えなければならない人などどこにもいないし、その振舞いを気にする人さえいないことが分かり、それでも不思議なことに、その振舞いや人間関係はますます**愛**に染まってしまうことに気づくでしょう。

なぜ惜しみなく愛さないのですか

「愛……それはいつも私たちをひざまずかせるただひとりの教師」

アジャシャンティ

なぜ惜しみなく愛さないのですか。なぜためらうのでしょう。何を待っているのですか。ある日誰かがやってきて、ついに愛する許可をあなたに与えるというようなことは起きないのです！　死ぬまで待ち続けるつもりですか。一度も思う存分愛することなく死ぬ気ですか。たとえ一瞬であろうと、なぜ先延ばしにしてしまうのでしょうか。

真の**あなた**への目覚め、その認識は、言わば橋です。行動することと行動を無に戻すことの間にある橋、でも本当は存在しない橋です。その認識を得る前は、目覚めるためにはできることのすべてをするべきだと思っているでしょう。でも本当のあなたを認識すると、あなたはこれまで何もしたことがなかったと実感するでしょう。

目覚め、すなわち絶対的な**存在**や**愛**の一瞥は、そのような橋です。あなたはたびたび混乱して、その一瞥の経験自体が何か特別なものだと思い込んでしまいますが、その経験はただの橋なのです。その橋を渡って向こう岸に着いたなら、渡った橋をすべて忘れなければなりません。本来のあなたである**愛**に飛び込み、溺れてください。

愛とは、たった今のこの瞬間です。**生**に、**愛**にすべてをゆだねることです。今の瞬間、ただ完全にゆだねていることです。もう既にそうなっているのです。**生**は既に自分自身を愛しています。**愛**は認識するものであり、行うものではありません。**愛**は行動ではなく、行動を無に戻すことです。あなたは**愛**の中で無に戻されるのです。分解するのです。**愛**とは裸でいることです。**愛**とは完全に無防備な**存在**です。

愛の本質は、広がり開くことです。思考が**愛**を減らしてしまうように見えますが、**愛**が減ることはありません。**愛**は、この**生**の表現の中で永遠に拡大し続けます。どのような思考の物語も制限も、どのような緊張も古い習慣も、常に存在する**愛**の炎で燃やされてしまいます。燃やされる時、しばしばひどく不快で困難なことに出くわしたように感じます。そのためほとんどの人々は、できる限りその炎の中に裸で立つのを避けようとします。**愛**がいつも心地良いとは限りません。**愛**がいつも親切とは限りません。**愛**は自由奔放なのです。あなたは**愛**を愛し、かつ憎んでいます。求めると同時に逃げています。なぜならば、**愛**があなたを壊してしまうのを知っているからです。

本当の**あなた**である**愛**を知り、あなたの思い描くあなたや分かっているつもりの知識などの観念を、**愛**よりも大切にするのはもうやめてください。それがどのような観念であっても、たとえ**愛**についての観念であっても、そうしてはなりません。

愛を忘れるという観念さえ重要ではありません。あなたは決して**愛**を忘れることはできません。なぜならば、記憶しておくことなどできないからです。**愛**に対してどのような観念を持つこともできません。**愛**とは、特定の考え方や振舞いではないのです。あなたの振舞いをあなたの持つ**愛**の観念に従って変えなさいと勧めているのではありません。思考にはそのようなことはできません。

愛とは、あなたが自分を開こうとしている先に既にある開放性です。**愛**は既に、あなたがそうなるべきと考えているものすべてです。**愛**はあらゆる形、行動、思考の中に現れ出ています。**愛**は存在するあらゆる物事を、あるがままに受け入れる完全な開放性です。

恐れていても愛してください。思考がどういう物語を語ろうと、愛してください。そう聞くと、思考はそれを一種の取り組むべき課題と受けとめてしまうでしょう。でも、私はあなたの欠点を指摘しているわけではありません。もっと愛を持って暮らしてくださいと教えているわけでもありません。私が伝えたいのは、あなたは本来あなたがそうありたいと望んでいるものすべてであるということです。これは言葉では十分に表わせません。言葉は一度にひとつのことしか伝えられません。**愛**は生きている矛盾です。あなたは生きている矛盾です。

愛は永遠に広がりながら、あらゆる制限や収縮を燃やし続けます。すべてを知ってそれで終わりという究極的状態はありません。**愛**は広がることに喜びを感じます。
もしあなたが何かの境地にたどり着いたとか、ある永遠の状態を発見したと思ったなら、それはただの傲慢です。**愛**は決して見つかりません。思考は休憩所を求めますが、そういうものはありません。思考はすがりつけるものを求めますが、そのようなものはありません。思考は「分かった！」、「私は覚醒した」、「私は悟った」と言うかもしれませんが、**愛**は思考の中に納まるようなものではありません。思考が何を言っても**愛**は気にかけません。

愛は、どこまでもどこまでもあなたを壊し続けます……

訳者あとがき

素晴らしい景色や満天の星を眺める時、私たちはその美しさに圧倒され言葉を失います。自分の悩みや苦しみを超えたところにあるその静かな荘厳さに、胸の奥底で何かが共鳴して震えます。自然に感動することとは、実は本当の自分、つまり個人を超越した愛を垣間見る経験だとウンマニさんは言います。自然の美しさは、私たち一人ひとりの中にあるのです。またウンマニさんは、私たちが恋をする時にも同じものを見ていると言います。この本では恋愛について多くを語っています。恋愛は不思議な経験です。気がつけばその思いは既にあり、世界が輝いて見えます。何で生きているんだろう、などという疑問は意味がなくなり、ただ生きる喜びだけがあります。

私たちは普通、その相手が現れたからその経験ができたと思ってしまいます。でもウンマニさんは言います。その至福の感覚は相手から与えられたものではなく、もともとあなたの中にあったものですよ。本来のあなたでいる時の感覚なのですよ、と。さらにウンマニさんは、実はその至福、つまり愛は、私たちが取るに足らないと思っている日常の小さな出来事、例えば頬に当たる風、水が与える様々な感覚、人との何気ないふれ合いなどの中に溢れ出ていますよ、と言います。

でもその素晴らしさに気づいた時、思考の世界に住む私たちは、「これが至福だ！」と言います。その後で、至福を経験した私は必ず壊されることになります。私たちは常に様々な出来事に出会い、それを経験した私は壊され続けます。それは避けられないことなのでしょう。出会いと別れ、創造と破壊。それは一つのものなのかもしれません。

訳者としてこの本の言葉とじっくり取り組んだことで、私は自分のいろいろな思い込みに気づくことができ、前よりも気が楽になったように思います。特に印象に残ったのは、「真実を知ることは、不知の中へ飛び込むこと」という言葉でした。この「飛び込む」とは、思考の「分ける」、「区別する」という働きの限界を見抜き、それから潔く抜け出てみる、といった感じなのでしょうか。私はいつも考えてばかりいることに、改めて気づかされました。

最後になりましたが、本書の翻訳を私に託してくださり、遅々として進まない作業を見守ってくださったナチュラルスピリット社の今井博央希社長には深く感謝しております。また、私の原稿を詳細に調べて、読みやすく分かりやすくなるよう数多くのアドヴァイスをしてくださった編集の川満秀成さんにも心から感謝しております。

二〇一五年十月

広瀬久美

■ 著者

ウンマニ・リザ・ハイド（Unmani Liza Hyde）

英国の出身だが、18歳から世界中を回り多くの国で暮らした。普通の人々とは異なり、子供の頃から自分自身をこの世界の中の「一個人」として認識することはなかった。しかしこの世界では他の誰もが深刻に生きているように見え、大きな戸惑いと孤立感を抱いていた。世界中を旅して回り、様々な役割や自己認識の中から自分に合うものを見つけ出そうとしたが、納得できる役割が見つからないまま、胸の内にある苦しみから抜け出す方法を探し続けた。インドのプネー（プーナ）にあるOSHOセンターにしばらく滞在した際、瞑想や自由な表現、その他の洞察に満ちた叡智の発見があった。これにより以前より楽にはなったが、自身の探求の根元まで到達したとは思えなかった。その数年後、禅の師であるドイツ人のドラノと出会う。ドラノのもとで、自分の探していたものは、ずっとここにあったことを知った。夢から目覚め、時間は止まり、探求は終わった。ついに真実の自分を知ったことで、もはや周囲に溶け込んだり何者かになろうと努力する必要はなくなった。その3年後から、集会やリトリートを開催するようになった。2冊の著書、『I am Life Itself（私は生そのもの）』、『愛のために死す』があり、現在は3冊目を執筆中。

公式サイト
www.not-knowing.com

■ 訳者

広瀬久美（ひろせ くみ）

短大英文科卒業後、会社勤務を経て専業主婦となるが、40代の数年間、家族の都合によりアメリカで生活。それをきっかけに英語の学習を再開。その後実務翻訳の仕事を開始し現在に至る。若い頃から科学・心理学・神秘学に興味を持ち、この世界の真実を知りたいという気持ちが強かった。子育てが一応終了した今、ネコたちとの静かな生活を楽しみながら真理の探求を継続中。
訳書に『絶対なるものの息』（ムージ著 / ナチュラルスピリット刊）がある。

愛のために死す

DIE TO LOVE

●

2015年12月25日　初版発行

著者／ウンマニ・リザ・ハイド

訳者／広瀬久美

編集・DTP／川満秀成

発行者／今井博央希

発行所／株式会社ナチュラルスピリット

〒107-0062　東京都港区南青山 5-1-10　南青山第一マンションズ 602

TEL.03-6450-5938　FAX.03-6450-5978

E-mail：info@naturalspirit.co.jp

ホームページ http://www.naturalspirit.co.jp/

印刷所／モリモト印刷株式会社

ISBN978-4-86451-187-2　C0010

落丁・乱丁の場合はお取り替えいたします。

定価はカバーに表示してあります。